Ihr ganz persönlicher Kontakt zu Ursula Summ

Liebe Leserinnen, liebe Leser,

täglich erreichen mich zahlreiche Briefe und Telefonate aus dem In- und Ausland, mit vielen Fragen zur Gewichtsabnahme und mit der Bitte, bei der Zusammenstellung von Essensplänen behilflich zu sein. Auch werde ich immer wieder aufgefordert, Seminare über Trennkost zu leiten.

Für Seminare fehlt mir leider die Zeit, doch ich freue mich, Ihnen mitteilen zu können, dass ich Ihnen meine Öffentlichkeitsarbeit in einem anderen, sehr interessanten Rahmen anbieten kann. Und zwar in Form eines 20-Stufen-Power-Programms. Während dieser Zeit lernen Sie Ihren Körper besser kennen und bauen daher Ihr Übergewicht logisch und gefühlvoll ab.

Folgendes Programm erwartet Sie:

- *Ein komplett ausgearbeitetes Manifest zur Gewichtsabnahme mit vielen, vielen Rezepten*
- *Einstiegswoche, Fortsetzungswoche, Powerplan*
- *Persönliche Fragebögen zur Selbsterkenntnis „Warum bin ich dick?"*
- *Motivation zur Gewichtsabnahme*
- *Vorschläge für die schnelle Küche*
- *Heißhunger auf Süßes: „Wie kann ich das bewältigen?“*

Und, und, und ...

Diese Ausarbeitungen sind sehr persönlich und haben den Umfang eines dicken Leitz-Ordners. Ihr Trennkost-Kurs endet automatisch nach 10 Monaten. In dieser Zeit erhalten Sie zweimal im Monat Post von mir. Insgesamt 20-mal.

Nach Kursende stehe ich Ihnen gerne für weitere Fragen zur Verfügung.

Außerdem können Sie Ihr erworbenes Wissen auch beruflich nutzen. Nach Abschluss des Fernlehrgangs erhalten Sie von mir ein Zertifikat, welches Sie berechtigt, eigenständig unter der Bezeichnung „Trennkost-Beraterin oder Berater“ Kurse anzubieten.

Ich würde mich freuen, Sie begrüßen zu dürfen.

Schreiben Sie mir und fordern Sie mein kostenloses Informationsmaterial an.

Meine Adresse:

Trennkost Club
Ursula Summ
Buzon N° 356
Calle Patricio Ferrandiz 40
E-03700 Denia /Alicante
España

Telefon: 00 34/96/6 42 11 20
Fax: 00 34/96/5 78 47 15
http: www.trennkost.de
E-Mail: Summ@trennkost.de

Herzlichst
Ihre Ursula Summ

Ursula Summ

Trennkost
Die 14-Tage-Diät

Bassermann

ISBN: 978-3-8094-2625-7

Umschlaggestaltung: Atelier Versen, Bad Aibling
Porträt Ursula Summ: José M. Hortelano
Redaktion dieser Ausgabe: Silke Kirsch
Rezeptfotos: TLC-Foto-Studio GmbH, Velen-Ramsdorf
Fotos im Innenteil: Reinhard Tierfoto, Heiligkreuzsteinach: S. 1, 2, 7, 8, 11 u., 15; PhotoDisc: S. 16; alle übrigen Fotos: FALKEN-Archiv

DTP/Satz: Filmsatz Schröter, München
Druck: Těšínská Tiskárna, Český Těšín
Printed in the Czech Republic

FSC
www.fsc.org
MIX
Papier aus verantwortungsvollen Quellen
FSC® C005833

Verlagsgruppe Random House FSC DEU 0100
Das für diesen Titel verwendete FSC®-zertifizierte Papier *Profisilk* wurde produziert von Sappi Alfeld.

120920107 X 817 2635 4453

Vorwort

Hunger tut weh und ist zudem nicht geeignet, Gewichtsprobleme auf Dauer in den Griff zu bekommen. Mit der Trennkost können Sie auf sanfte Art abnehmen. Sie ist einfach und unkompliziert.

Das Geheimnis der Trennkost liegt im richtigen Trennen und Kombinieren einzelner Lebensmittel. Frisches Gemüse, Salat, Rohkost und Obst bringen hier den Stoffwechsel auf Trab, und die Fettdepots beginnen zu schmelzen. Gleichzeitig wird der Körper auf natürliche Weise entschlackt. Darin liegt der lang anhaltende Erfolg der Gewichtsabnahme.

Aus eigener Erfahrung kann ich sagen: Die Trennkost ist etwas Besonderes, da sie keine fade Schmalkost, sondern geschmacklich sehr gute und vor allem volle Teller bietet.

Die Haysche Trennkost faszinierte bisher Millionen und beeindruckt weiterhin zahlreiche neue Menschen von dieser natürlichen Ernährungsform.

Begonnen hat alles in den 20er Jahren, als der amerikanische Arzt Howard Hay sich selbst mit dieser Ernährung von einem Stoffwechselleiden heilte. Seine persönlichen Erkenntnisse hielt er in einem Buch fest, das 1939 durch Zufall in die Hände des deutschen Arztes Dr. Ludwig Walb gelangte. Die Vorzüge dieser Ernährungsform verbreitete er hierzulande. Da er aber von verschiedenen Ärzteschaften zeitweise boykottiert wurde, bliebt es lange Zeit still um die Trennkost.

Ich ging 1979 völlig unbedarft an dieses Thema heran, als ich auf der Suche war, endlich für immer schlank zu werden. Trennkost ist seitdem für mich zur Naturheilmedizin geworden. Denn mit dieser Ernährungsform konnte ich mein extremes Übergewicht in normale Bahnen lenken und am eigenen Körper beobachten, wie meine Krankheiten ausheilten. Blitz- und Crashdiäten hatten meinen Körper dicker und kränker werden lassen. Irgendwann spielte mein gesamter Organismus verrückt: Rheuma, Gicht, Probleme mit der Verdauung, Kopfschmerzen, eine entzündete Bauchspeicheldrüse sowie eine offene Hautallergie an den Händen und im Gesicht. Mit der Trennkost habe ich ganz sanft abgenommen, den Körper auf natürliche Weise entschlackt und neue Vitalität gewonnen.

Mit diesen positiven Erfahrungen ging ich in die Öffentlichkeit und vermittelte Seminare als Gruppenleiterin für Übergewichtige von 1980 bis 1991 im Main-Taunus-Gebiet. Auch noch weiterhin unternehme ich viele Vortragsreisen zu diesem Thema und schreibe zwischendurch Bücher. Mitte der 90er Jahre kam ich auf die Idee einen Trennkost-Club zu gründen. Hier kann sich jeder Abnehmwillige informieren. Meine Club- und Internet-Adresse finden Sie auf Seite 4.

Letztendlich kann ich sagen: Die Haysche Trennkost hat mein Leben verändert. Nicht nur meine Eßgewohnheiten sind andere geworden, sondern auch meine Gesinnung hat sich gewandelt.

Entdecken Sie selber, wie einfach es ist, ein paar Pfunde abzunehmen ohne lästiges Kalorienzählen und gleichzeitig sein Wohlbefinden und seine Widerstandskraft zu steigern. Sie werden bald merken: Trennkost ist ein erfolgreiches Ernährungskonzept in der heutigen Zeit. Wer sich trennkostgerecht ernährt, fühlt sich bald wohler, und die überflüssigen Pfunde purzeln.

Ganz wichtig vor Beginn Ihrer Trennkostdiät: Sie sollten den folgenden Informationsteil aufmerksam durchlesen, was besonders dann gilt, wenn Sie mit dem Trennkostprinzip noch nicht so vertraut sind. Hier wird Ihnen Wissenswertes zum Trennen und Kombinieren der Lebensmittel vermittelt. Damit Sie richtig auswählen und kombinieren können, finden Sie auf den Seiten 78 und 79 den sogenannten Trennungsplan. Ein Tip von mir: Kopieren Sie diesen und hängen den Plan als Einstiegshilfe in die Küche. Schon bald haben Sie alles im Kopf. Der anschließende Speiseplan mit entsprechenden Rezepten und Einkaufslisten erleichtert die Durchführung der Diät. Alle Rezepte – immer für eine Person berechnet – sind ganz einfach und schnell nachzukochen. Viel Spaß und großen Erfolg.

Herzlichst
Ihre Ursula Summ

Was ist Trennkost?

Die Philosophie des Dr. Hay

Die Haysche Trennkost ist einfach und unkompliziert. Das Hauptmerkmal dieser Kost ist, wie der Name schon sagt, das Konzept der „trennenden" Eßweise. Innerhalb einer Mahlzeit werden überwiegend eiweißhaltige Nahrungsmittel (wie Fleisch, Fisch, Ei) und überwiegend kohlenhydrathaltige Lebensmittel (zum Beispiel Kartoffeln, Brot) getrennt voneinander verzehrt. Eine hundertprozentige Trennung ist natürlich nicht möglich und wird daher auch nicht angestrebt. Sinn und Zweck des Trennkostprinzips ist es, die Speisen harmonisch aufeinander abzustimmen, um die Verdauungsorgane bei der Enzymproduktion und der anschließenden Nahrungszerlegung nicht übermäßig zu strapazieren. Ein weiterer sehr wichtiger Punkt der Trennkost ist das Beachten des Säuren-Basen-Gleichgewichtes und natürlich der Frischegrad bzw. die Vollwertigkeit der Speisen.

Die Lehre der Trennkost beruht auf den Erfahrungen und Erkenntnissen des Anfang des 20. Jahrhunderts schwer erkrankten Dr. Howard Hay. Er litt an einer schweren Nierenerkrankung und kein Arzt konnte ihm helfen. So studierte er genau den menschlichen Organismus und dessen Funktionsweise. Er untersuchte die chemische Zusammensetzung des Körpers und stellte fest, daß dieser zu 80% aus basischen und zu 20% aus sauren Elementen besteht. Dementsprechend stellte er seine tägliche Nahrung zusammen, aß vorwiegend basenbildende und weniger säurebildende Lebensmittel. Darüber hinaus erreichte er eine bessere Verdauung der Nahrung im Magen-Darm-Trakt, indem er die kohlenhydratreichen Lebensmittel von den eiweißreichen trennte und diese beiden Gruppen nicht mehr zur gleichen Zeit aß. Die Verdauungssäfte können so besonders intensiv auf den Nahrungsbrei einwirken. Auf diese Weise gelang es ihm, sich selbst von seinem Nierenleiden zu heilen.

Das Geheimnis der Trennung

Der menschliche Körper grenzt mit seiner unendlichen Perfektion fast an ein Wunder. Damit er richtig funktioniert, braucht er unter anderem eine optimale Ernährung, die die biochemischen Verdauungsprozesse fördert. So benötigt der Körper für die Eiweißverdauung ein saures und für die Kohlenhydratverdauung ein basisches Milieu.

Eiweiß kommt in großen Mengen in Fleisch, Fisch, Milch, Milchprodukten, Käse und Eiern vor. Im Magen wird es mit Hilfe von Salzsäure und dem Verdauungsenzym Pepsin in kleinere Bausteine, die sogenannten Peptide, zerlegt. Kohlenhydrate kommen reichlich in Getreide, Brot, Nudeln, Kartoffeln und Reis vor. Ihre Verdauung ist vom Enzym Amylase abhängig und beginnt bereits im Mund mit Hilfe des Speichels, der Amylase enthält. Um diese Vorverdauung durch die Amylase zu gewährleisten, ist gründliches Kauen von größter Wichtigkeit. Kaut man zum Beispiel längere Zeit ein Stück Brot, das sehr viel Stärke (also Kohlenhydrate) enthält, so nimmt man deutlich einen zunehmend süßlichen Geschmack wahr. Denn: Beim Kauen wird die neutralschmeckende Stärke des Brotes in kleine Teile zerlegt, also vorverdaut. Dabei entstehen sogenannte Dextrine, die süß schmecken. Ißt man während einer Mahlzeit gleichzeitig reichlich Eiweiß und Kohlenhydrate, so bricht man laut Dr. Hay die Verdauungsgesetze. Beim Verzehr von Eiweiß wird nämlich im Magen die Produktion von Salzsäure und Pepsin in Gang gesetzt. Diese Säfte behindern die Wirkung der Amylase aus dem Speichel, und die Kohlenhydrate können nicht ausreichend aufgespalten werden. Ißt man nur Kohlenhydrate, dann entstehen nur wenige saure Säfte im Magen und die Wirkung der Amylase bleibt besser erhalten. Die Kohlenhydrate können so besser verdaut werden.

Eine sehr wichtige Rolle im Verdauungsprozeß spielt die Bauchspeicheldrüse (Pankreas). Dieses lebenswichtige Organ ist unersetzlich.

Damit die komplizierten und vielfältigen Verdauungsvorgänge reibungslos ablaufen, sollte man die Bauchspeicheldrüse nicht überfordern. Werden beispielsweise Nahrungsmittel stets falsch kombiniert und in zu großen Mengen verzehrt, dann kann es durch Überlastung der Bauchspeicheldrüse zu einer verzögerten und nicht ausreichenden Verdauung kommen. Liegen die unvollständig verdauten Nahrungsbestandteile dann zu lange im Darm, können sich durch Wärme und Feuchtigkeit Gär- und Fäulnisprodukte bilden. Diese Abfallstoffe werden dann von der Leber abgebaut.

Ungünstig zusammengestellte Nahrung belastet demnach nicht nur das Verdauungssystem, sondern auch so wichtige Stoffwechselorgane wie die Leber.

Wie funktioniert die Trennkost?

Die drei Lebensmittelgruppen

Trennkost ist eine Ernährungsform, bei der es wenig Einschränkungen gibt. Sie dürfen fast alles essen, müssen nur die Lebensmittel etwas anders kombinieren. Dabei sind die Kombinationsmöglichkeiten ganz vielfältig. Zunächst einmal müssen Sie wissen, welche Nahrungsmittel in die Eiweiß-, welche in die Kohlenhydrat- und welche in die neutrale Gruppe gehören. Der Trennungsplan auf den Seiten 78 und 79 macht Ihnen die Zuordnung leicht.

Die neutralen Lebensmittel stören weder die Eiweiß- noch die Kohlenhydratverdauung. Sie harmonieren mit allen Lebensmitteln und dürfen daher sowohl mit eiweißreicher als auch mit kohlenhydratreicher Nahrung verzehrt werden. Innerhalb einer Mahlzeit sollten Sie nicht Lebensmittel aus der Kohlenhydratgruppe mit denen aus der Eiweißgruppe kombinieren.

Möglicherweise empfinden Sie diese Zuordnung als widersprüchlich. Sie beruht aber auf den langjährigen Erfahrungen von Dr. Howard Hay. So sind zum Beispiel die gesäuerten Milchprodukte wie Joghurt oder Quark sehr eiweißreich. Sie gelten aber dennoch als neutral, da das Eiweiß durch die Säuerung verändert wurde und so leichter verdaulich ist. Rohes Fleisch und roher Fisch sind ebenfalls eiweißreiche Lebensmittel. Sie gehören in der Trennkost aber zur neutralen Gruppe, weil ihre Zellstrukturen noch so sind wie die Natur sie gebildet hat. Erst durch ein Erhitzen verhärtet und verdichtet sich die Zellhaut und wird somit schwerer verdaulich. Dennoch sollte rohes Fleisch und roher Fisch nur selten verzehrt werden, da sie nicht zu den empfehlenswerten Lebensmitteln gehören.

Zu den neutralen Nahrungsmitteln gehören nach dem Verständnis der Trennkostlehre unter anderem alle Fette, naturbelassenen Öle und Butter sowie alle fettreichen Nahrungsmittel. Und das hat folgenden Grund: Fett wird nicht im Magen, sondern erst im oberen Teil des Dünndarms verdaut und stört daher den vorangegangenen Verdauungsprozeß nicht. Trotz allem sollten Fette – besonders die tierischen Fette – nicht zu häufig und auch nie in großen Mengen verzehrt werden. Generell ist es wichtig, einige Nahrungsmittel nicht zu häufig zu essen. Dazu gehören Fleisch, Wurst, Schinken, aber auch Geräuchertes und Gepökeltes. Sie finden diese Nahrungsmittel zwar auf dem Trennungsplan, sollten dies jedoch nicht als Aufforderung zum reichlichen Verzehr verstehen.

Das Säure-Basen-Gleichgewicht

Wie bereits erwähnt, besteht laut Dr. Hay der menschliche Körper hauptsächlich aus basischen Elementen. Dementsprechend empfiehlt er, daß auch die täglichen Mahlzeiten zu einem Großteil aus pflanzlichen Lebensmitteln (Basenbildnern) bestehen sollen, um das natürliche Gleichgewicht des Organismus nicht zu stören. Werden zu wenig Gemüse, Salate, Rohkost und Obst gegessen, kann es zu einem Mangel an wertvollen basischen Mineralstoffen kommen. Der Körper wird sauer und muß auf die eigenen Mineralstoffdepots zurückgreifen. Eine Übersäuerung des Körpers kann zu Sodbrennen, Blähbauch aber auch zu Gicht, rheumatischen Entzündungen oder Stoffwechselerkrankungen (darunter fällt auch das extreme Übergewicht) führen. Aus dem Grund empfiehlt es sich, neben der Trennung der einzelnen Nahrungsmitteln, zusätzlich auf eine basenüberschüssige Kost zu achten und weniger von den Nahrungsmitteln zu essen, die im Körper saure Rückstände hinterlassen. Dr. Hay zählte die eiweißreichen Nahrungsmittel wie Fleisch, Wurst, Fisch, Käse, Eier, aber auch verschiedene Kohlenhydrate wie Zucker, geschältes Getreide und polierten Reis zu den Säurebildnern. Auch Kaffee, schwarzer Tee, Kakao, Alkohol, Nikotin und einige Medikamente hinterlassen nach ihrem Verzehr saure Rückstände im Körper. Daneben kann durch familiären oder beruflichen Streß, Lärm, Ärger, plötzlicher Schreck oder übermäßigen Sport der Säurewert im Blut in Sekundenschnelle ansteigen. Zum Glück verfügt der menschliche Organismus über ein gut funktionierbares Puffersystem, so daß diese Mängel ausgeglichen werden können. Der gesunde Organismus ist

zudem in der Lage, alle belastenden Substanzen in der Leber abzubauen und über Nieren, Darm, Lunge und Haut wieder auszuscheiden. Langfristig kann jedoch selbst der gesundeste Körper eine unaufhörliche Flut von sauren Rückständen nicht verkraften. Neben einer harmonischen Lebensweise können wir ein dauerhaftes Säure-Basen-Gleichgewicht nur erreichen, wenn wir unseren Körper mit allen lebensnotwendigen Stoffen versorgen und ihn nicht unnötig durch falsche Ernährung und streßreiche Konflikte belasten.

Qualität ist wichtig

Neben der Trennung und der Beachtung des Säure-Basen-Gleichgewichtes ist der dritte sehr wichtige Punkt die Natürlichkeit und die Vollwertigkeit der Nahrung.

In der Praxis heißt dies: Kaufen Sie nur Lebensmittel bester Qualität ein – dies wirkt sich positiv auf Ihren Körper aus. Bevorzugen Sie frisches Gemüse und Obst aus ökologisch oder integriertem Anbau oder dem eigenen Garten. Weitere gute Angebote finden Sie im Bioladen, Reformhaus, Wochenmarkt oder kleinen Fachgeschäften. Auch Brot und Brötchen, aus Vollkornmehl gebacken, haben durch ihre Nährstoffdichte einen höheren Gesundheitswert.

Vollwertig essen heißt, auf industriell hergestellte Kost zu verzichten. Lassen Sie Fertigkost, Lightprodukte oder solche Nahrungsmittel, die ein langes Haltbarkeitsdatum aufweisen, im Regal stehen. Industriell hergestellte und stark verarbeitete Lebensmittel enthalten meist künstliche Zusatzstoffe, Konservierungsmittel, Farbstoffe sowie Geschmacksverstärker. Zwar sind diese Produkte für das Auge schön und durch die geschmacksverstärkenden Aromastoffe für den Gaumen äußerst reizvoll, doch wurden sie ihrer Natürlichkeit beraubt. Diese Nahrung dient jetzt nur noch der Sättigung und der Geschmacksbefriedigung. Hinzu kommt, daß die darin enthaltenen geschmacksverstärkenden Zusatzstoffe den Appetit übermäßig anregen.

Generell gilt, daß naturbelassene Nahrung den Körper schneller sättigt. So hat zum Beispiel der Honig fast die gleiche Kalorienzahl wie die von der Industrie hergestellten Süßigkeiten, mit dem kleinen Unterschied, daß nach dem Genuß von 2 – 3 Eßlöffeln Honig im Körper ein Widerwillen gegen diese Süße entsteht. Bei Pralinen oder ähnlichem wird der Appetit aber erst so richtig geweckt.

Gründe für die Haysche Trennkost

Genau betrachtet ist die Haysche Trennkost keine Diät, sondern eine Ernährungsumstellung, die man sein ganzes Leben lang einhalten kann, ohne daß Mangelerscheinungen entstehen.

Das Besondere an dieser Ernährungsform: Jeder kann nach eigenem Geschmack sein Essen zusammenstellen und muß nicht stur einen Plan verfolgen. Der Fleischesser kommt ebenso zu seinem Recht wie der Vegetarier. Die Zubereitung ist denkbar einfach. Auch brauchen Sie keine Spezialgeschäfte für den täglichen Lebensmitteleinkauf aufzusuchen. Und selbst in Gaststätten oder im Urlaub ist es ein leichtes, sich nach den Prinzipien der Trennkost zu ernähren.

Ein weiterer Vorteil: Durch das getrennte Essen werden unsere Verdauungsorgane entlastet. Auf diese Weise werden dem Körper während der Verdauungsphase keine unnötigen Energien geraubt. Dadurch kommt es nach dem Essen zu keinem Leistungsknick. Gleichzeitig kommt es zusätzlich zu einer besseren Verdauung der Nahrung im Darm. So können wichtige Nährstoffe, wie Vitamine, Mineralstoffe, Spurenelemente und andere Vitalstoffe, besser in den Körper aufgenommen werden. Diese genannten lebensnotwendigen Stoffe verleihen dem Körper eine ideale Figur.

Übrigens: Die Ballaststoffe sorgen ebenfalls für eine zügige Entleerung des Darms, denn die unverdaulichen Pflanzenfasern können enorm viel Wasser binden. Dadurch quellen sie auf und vergrößern das Darmvolumen. Dies führt zu einer Dehnung der Darmwand, was die Darmmuskulatur anregt und den Stuhl zügig in Richtung Ausgang schiebt.

Für die Trennkost-Diät spricht weiterhin, daß hier ausreichend Kalium aufgenommen wird. Dadurch wird der Stoffwechsel und gleichzeitig die Nierentätigkeit angeregt. So kommt es zu einer natürlichen Entwässerung. Bei üblichen Mahlzeiten ist dieses Mineral oft Mangelware. Im Gegenteil: Sie enthalten oftmals viele versteckte Salze, die das Wasser im Körper bindet und die Nierenfunktion beeinträchtigt.

Ein weiterer Pluspunkt der Trennkost-Diät: Der Blutzuckerspiegel wird durch die trennkostgerechten Mahlzeiten stabilisiert. Heißhungerattacken werden so vermieden.

Warum Trennkost zum Abnehmen?

Trennkost macht schlank

Die Trennkostlehre strebt ein sanftes Abnehmen an. Stecken Sie deshalb das momentane Ziel der Gewichtsabnahme nicht zu hoch. Die ideale Gewichtsabnahme beläuft sich pro Woche auf 300 bis max. 500 g. Im allgemeinen nehmen Männer schneller ab als Frauen, jüngere Menschen haben es einfacher als ältere. Generell gilt: Alkohol, Hormone oder Medikamente bremsen die Gewichtsabnahme. Häufige frühere Diäten haben ebenso einen negativen Einfluß wie vergangene Hungerkuren oder einseitiges Essen. Deshalb freuen Sie sich jeden Tag darüber, daß Sie für sich eine neue, unkomplizierte Ernährungsweise gefunden haben: die Trennkost.

Wieviel darf ich essen, wenn ich abnehmen will?

Zur schnellen Gewichtsabnahme eignet sich zum Frühstück und zu den Zwischenmahlzeiten am besten Obst in beliebiger Menge, wie Melone, Orangen, Ananas oder Erdbeeren. Belegte Brote mit Belag aus salzigem Käse oder Wurst hemmen den schnellen Gewichtsverlust.

Das morgendliche Müsli stabilisiert den Blutzuckerspiegel, hält lange vor, so daß in vielen Fällen der nächste Hunger erst 3 bis 4 Stunden später auftritt.

Wichtig ist, daß Sie im Laufe des Vormittags mindestens 3/4 Liter Wasser oder Tee trinken.

Zum Mittag- oder Abendessen besagt eine Faustregel folgendes: **Die Eiweißmahlzeit besteht aus:** 1 Teil Fleisch, Fisch, Eier, Käse oder gegarten Wurstsorten (zum Beispiel 1 Teil = 100 g); dazu 3 bis 4 Teile Gemüse und Salat, gegart oder als Rohkost (entsprechend 300 bis 400 g).

Die Kohlenhydratmahlzeit besteht aus: 1 Teil Getreide, Kartoffeln, Naturreis oder Vollkornnudeln (zum Beispiel 1 Teil = 100 g; dieses Gewicht bezieht sich auf das gegarte Lebensmittel); dazu 3 bis 4 Teile Gemüse und Salat, gegart oder als Rohkost (entsprechende 300 bis 400 g).

Viel Trinken

Der Erfolg beim Abnehmen ist auch von der Wassermenge abhängig, die wir unserem Organismus zuführen. Trinken Sie darum täglich 1 1/2 - 2 Liter, wenn Sie es schaffen sogar 3 Liter. Sie können zur Berechnung dieser Gesamtmenge auch die Flüssigkeitsmengen von Suppen, Salaten, Gemüse, Rohkost und Obst mit einbeziehen. Wenn Sie viel davon essen, dann nehmen Sie dadurch täglich etwa bis zu 1 Liter Flüssigkeit zu sich.

Gründlich Kauen

Essen Sie langsam und kauen Sie Ihre Speisen gründlich. Denn durch gründliches Kauen werden nicht nur die Speisen gut zerkleinert, sondern der Magen entwickelt zusätzlich eine größere Menge Magenschleim. Dies hat zur Folge, daß sich der Magen zusätzlich mit Flüssigkeit füllt und somit nach kurzer Zeit ein Signal der Sättigung aussendet. Durch gründliches Kauen wird die Nahrung außerdem im Mund optimal zur Verdauung im Magen-Darm-Trakt vorbereitet. Dies ist besonders wichtig, da Magen und Darm nicht über Zähne verfügen – aber trotzdem alles verflüssigen müssen.

Viel Gemüse und Obst

Wählen Sie so viel wie möglich aus den Gemüse-, Salat- und Obstgruppen aus. Gerade diese Lebensmittel bewirken aufgrund des hohen Kalium- und Wassergehalts eine gleichmäßige und gesunde Gewichtsabnahme. Kalium wirkt entwässernd auf das Körpergewebe und veranlaßt Stoffwechsel und Niere zu einer höheren Leistung. Eine Unterversorgung von Vitaminen oder Mineralstoffen durch die Entwässerung brauchen Sie nicht zu befürchten, da diese ausreichend über Gemüse, Salate, Rohkost und Obst wieder zugeführt werden.

Unterschätzen Sie die Neutralen nicht

„Neutral" bedeutet nicht gleichzeitig kalorienarm, sondern diese Nahrungsmittel können sowohl mit den Eiweißen wie auch mit den Kohlenhydraten gemeinsam gegessen werden. Eigentlich müßte die neutrale Kost in zwei Spalten unterteilt werden, da Gemüse, Salate, Rohkost, Pilze, Sprossen, Keimlinge und Kräuter keine Gewichtsbegrenzungen haben. Von diesen Lebensmitteln können Sie soviel essen wie Sie möchten. Doch mit allen anderen neutralen Nahrungsmitteln, wie Fetten, gesäuerten Milchprodukten, Vollfettkäse, Wurst-, Fleisch- und Fischwaren sollten Sie vorsichtig umgehen.

Die Wunderwaffe gegen Heißhungerattacken

Heißhungerattacken resultieren fast immer aus einem zu niedrigen Blutzuckerspiegel. Um dies zu vermeiden sollten Sie keine Mahlzeit übergehen, denn durch den erlittenen Nahrungsentzug wird der Körper in Alarmbereitschaft versetzt und reagiert mit übermäßigem Hunger. Besser ist es, dem Körper etwa 5 Mahlzeiten über den Tag verteilt anzubieten. Frühstück, eine Zwischenmahlzeit am Vormittag, Mittagessen, eine weitere Zwischenmahlzeit am Nachmittag und Abendessen.

Ganz wichtig: Verwechseln Sie Ihren Hunger nicht mit Durst. Beide Signale des Körpers ähneln sich. Trinken Sie lieber zuerst einen Schluck, bevor Sie etwas essen.

Vorsicht vor dem Mittagsschlaf!

Nach dem Mittagsschlaf droht sehr oft eine Heißhungerattacke, meist auf Süßes. Stellen Sie sich daher eine Banane oder Rosinen bereit, bevor Sie sich hinlegen.

Bei ständigem Hunger auf Schokolade oder andere Süßigkeiten hat sich folgender Tip bestens bewährt: Statt der üblichen Schokolade probieren Sie einmal Diabetikerschokolade mit Fruchtzucker gesüßt oder Zartbitterschokolade mit mindestens 60% Kakaoanteilen aus. Die Sucht verringert sich auf diese Weise ganz langsam, weil die intensive Süße der üblichen Schokolade fehlt.

Zu guter Letzt

Steigen Sie nur am Anfang und am Ende der 14tägigen Diät auf die Waage. Tägliches Wiegen frustriert nur und hemmt den Gewichtsverlust. Denken Sie daran: Die Trennkostlehre strebt ein mäßiges Abnehmen zu Ihrem Wohlfühlgewicht an.

Tips zu den Rezepten

Sie können jederzeit mit der Trennkost-Diät beginnen. Der erste Tag ist stets ein sogenannter Umschalttag (siehe Rezeptteil Seite 20). Hiermit signalisieren Sie sich und Ihrem Körper, daß Sie etwas verändern wollen.

Alle Rezepte, die ich in diesem Buch für Sie zusammengestellt habe, sind leicht nachvollziehbar. Sie sollen Ihnen beispielhaft zeigen, wie man Nahrungsmittel aus der Eiweiß- und aus der Kohlenhydratgruppe jeweils mit neutralen Nahrungsmitteln kombinieren kann.

Alle Rezepte sind für **1 Person** berechnet. Wenn Sie einmal mehr zubereiten möchten, können Sie die Zutatenmengen in der Regel problemlos umrechnen.

Die Angaben zu **Kilokalorien** (kcal) beziehen sich immer auf 1 Portion bzw. 1 Stück. Die Zutatenmengen beziehen sich in der Regel auf die ungeputzte Rohware.

Die **Zubereitungszeit** in den Rezepten beinhaltet sowohl die Vorbereitungszeit (waschen, putzen, klein schneiden) als auch die Gar- oder Backzeit. Es handelt sich dabei um Durchschnittswerte.

Besondere Zeiten, wie Quellzeit, Zeit zum Gehen oder zum Kühlen, sind extra ausgewiesen. Mit Hilfe dieser Angaben können Sie schnell erkennen, wieviel Zeit Sie für die Gesamtzubereitung einplanen müssen.

Möchten Sie ein Rezept variieren oder eigene Kreationen entwickeln, ziehen Sie bitte den Trennungsplan auf den Seiten 78 und 79 zu Rate.

Verzeichnis der Abkürzungen

TL	= Teelöffel (gestrichen)
EL	= Eßlöffel (gestrichen)
g	= Gramm (1000 g = 1 kg)
kg	= Kilogramm
ml	= Milliliter (1000 ml = 1 l)
l	= Liter
Msp.	= Messerspitze
Std.	= Stunde(n)
Min.	= Minuten
kcal	= Kilokalorien
Fett i. Tr.	= Fett in der Trockenmasse
TK-...	= Tiefkühl-...
°C	= Grad Celsius

1. Woche

So leicht geht's

Kuren zur Gewichtsabnahme beginnen in der Regel montags. Darum kaufen Sie schon am Sonnabend Ihr frisches Gemüse oder Obst ein und bereiten Sie Ihren 1. Abnehmtag bereits am Sonntag vor.

Besorgen Sie sich auch gut verschließbare Gefäße, in denen Sie Ihre Mahlzeiten mit zur Arbeitsstelle transportieren können. Dort sollten Sie über einen Teller, Dessertschälchen, Besteck und Schälmesser verfügen. Die Rezepte machen es Ihnen leicht, Ihr tägliches Essen abwechslungsreich und appetitlich zu gestalten.

Vergessen Sie nicht: Gemüse und Salate haben einen hohen Wassergehalt und sind deshalb ideal für die Gewichtsabnahme. Damit dies richtig zum Einsatz kommt, verwenden Sie zum Würzen nur wenig Salz, statt dessen viele frische Kräuter und nach Belieben Knoblauch.

Mentale Vorbereitung

Abnehmen ist Ihre rein persönliche Angelegenheit und geht nur Sie etwas an. Planen Sie darum selbst Ihre eigenen Ziele und bereiten Sie sich innerlich auf eine Veränderung in Ihrem Leben vor. Freunden Sie sich mit dem Gedanken an, daß es jetzt an der Zeit ist, einmal für sich selbst etwas zu tun. Entwickeln Sie neue Eß- und Verhaltensgewohnheiten und arbeiten Sie auf eine gewisse innere Zufriedenheit hin.

Der nachfolgende Rezeptteil soll Ihnen den Weg in die Trennkost erleichtern. Der 1. Tag ist der sogenannte Umschalttag. Anschließend geht es mit einfachen und wohlschmeckenden Gerichten weiter.

Lassen Sie Ihre Phantasie spielen

Selbstverständlich können Sie die einzelnen Tage tauschen oder eine Mahlzeit auch einmal durch eine andere ersetzen, wenn Ihnen danach ist. Bedenken Sie aber, daß abends in der Regel eine Kohlenhydratmahlzeit auf dem Speiseplan stehen sollte, denn diese ist dann besonders bekömmlich. Kohlenhydrate beruhigen nämlich und sorgen für einen guten Schlaf. Sollten Sie gezwungen sein, die Eiweißmahlzeit auf den Abend zu schieben, dann essen Sie eine kleinere Portion, sonst werden Magen und Darm zu stark belastet.

Gönnen Sie sich ein paar Stunden Zeit und beschäftigen sich mit dem neuen Ernährungsthema – der Kopf will auch mit dem neuen Ernährungskonzept „gefüttert" werden.

Jetzt geht es los

Bevor Sie Ihre Ernährung auf Trennkost umstellen, gibt es den Umschalttag. Dieser dient der Anregung des Stoffwechsels und der Entgiftung des Körpers.

Wählen Sie aus dem nachstehenden Angebot eine Kur aus, die Ihnen persönlich am meisten zusagt.

Achten Sie unbedingt darauf, daß Sie ausreichend Flüssigkeit zu sich nehmen. Geeignet sind dafür natriumarmes, stilles Mineralwasser sowie Tee (Früchte- und Kräutertee). Vergessen Sie nicht: Wasser macht fit und vertreibt den Hunger. Trinken Sie am besten vor jeder Mahlzeit ein Glas Wasser. Ein Tip: Trinken Sie zu jeder vollen Stunde ein Glas Wasser. Denken Sie daran: $1^1/_2$ bis 2 Liter Wasser sollten es am Tag sein. Wenn Sie Lust auf Säfte verspüren, so verdünnen Sie die Obst- und Gemüsesäfte möglichst mit etwas Wasser. Alkoholische Getränke möglichst nicht oder nur in kleinen Mengen trinken. Übrigens, bei allen Beispielen (außer beim Obsttag) dürfen Sie morgens zusätzlich eine Kleinigkeit frühstücken.

KARTOFFEL-GEMÜSE-SUPPEN-TAG

An diesem Tag gibt es eine Suppe aus 3 Kartoffeln, 3 Zwiebeln, 3 Stangen Lauch, 1 Stück Knollensellerie und (nach Geschmack) 3 Möhren. Das exakte Gewicht der Zutaten spielt hier keine Rolle. Und so wird die Suppe zubereitet: Das Gemüse schälen bzw. putzen, waschen und in mundgerechte Stücke schneiden. Dann alles in einen großen Topf geben und etwa 2 l Wasser zugeben. Nach Belieben frische, gehackte Kräuter und Gewürze (zum Beispiel Petersilie, Majoran, Liebstöckel, Kümmel und Knoblauch) hinzufügen. Anschließend alles zugedeckt 15 bis 20 Minuten bei mittlerer Hitze garen, bis das Gemüse weich ist. Zum Schluß können Sie die Suppe mit etwas vegetarischer Gemüsebrühe (Instantpulver) abschmecken. Die Suppe über den Tag verteilt essen.

Kartoffel-Trink-Tag

Diesen Entschlackungstag empfehle ich besonders denjenigen, die einen empfindlichen Magen-Darm-Trakt haben. Und so wird der Kartoffeltrunk zubereitet: Garen Sie 500 g gut gewaschene, ungeschälte Kartoffeln in etwa 2 l Wasser (ohne Salz). Bei neuen Kartoffeln können Sie die Schale später mitverzehren; ältere Kartoffeln sollten Sie nach dem Garen schälen. Nach dem Kochen werden die Kartoffeln dann zusammen mit der Kochflüssigkeit püriert. Der Kartoffeltrunk wird über den Tag verteilt getrunken.

Gemüse-Salat-Tag

Essen Sie an diesem Tag ausschließlich Salat und/oder Gemüse der Saison in roher oder leicht gedünsteter Form. Die Menge dieser Lebensmittel richtet sich dabei ganz nach Ihrem persönlichen Appetit. Verzichten Sie beim Dünsten auf Fett und Salz. Nach Belieben können Sie zum Würzen aber etwas vegetarische Gemüsebrühe (Instantpulver) verwenden.

Obsttag

Bis 15 Uhr können Sie an diesem Tag frisches Obst der Saison (bitte aber keine Bananen, frische Feigen und Datteln) essen. Die Menge richtet sich auch hier nach Ihrem Appetit. Ab 17 Uhr stehen dann noch 2 mittelgroße Bananen oder 2 mittelgroße Pellkartoffeln auf Ihrem Speiseplan.

Schlankheitstips

Altbewährt ist der kalt-nasse Körperwickel zur Aktivierung der körpereigenen Verbrennung. Nehmen Sie sich ausreichend Zeit für die Vorbereitung und stimmen Sie sich zudem mental auf Ihr Vorhaben ein. Schaffen Sie in Ihrem Bade- und Schlafzimmer eine Atmosphäre von Luxus und Genuß. Sorgen Sie für einen angenehmen Duft durch verdunstende ätherische Öle. Auch die angenehme Beleuchtung und schöne Musik steigern das körperliche und seelische Wohlbefinden.

■ Breiten Sie in Ihrem Bett als Nässeschutz eine Folie aus, darüber eine flauschige Wolldecke und zum Schluß ein großes Leinentuch (Bettlaken). Weichen Sie ein zweites Leinentuch in kaltes Wasser ein und drücken Sie es etwas aus. Dann den Körper in das nasse Tuch, danach in das trockene und dann in die Decke wickeln. Mit einem Federbett zusätzlich zudecken, damit der Körper Hitze entwickeln kann. Zur Unterstützung können Sie 2 bis 3 Wärmflaschen an Rücken, Bauch und Füße legen. Etwa 2 Stunden so liegenbleiben. Nach einer halben bis einer Stunde fängt der Körper kräftig an zu schwitzen. Dieses leichte künstliche Fieber bewirkt eine Verbrennung der körpereigenen Fettzellen.

■ Eine angenehmere, aber ebenso wirkungsvolle Art von Körperwickel: Den Körper unter der Dusche mit nicht zu kaltem Wasser abkühlen. Noch naß in ein großes Badetuch eingewickelt, ebenfalls 2 Stunden im Bett Hitze erzeugen.

Bei beiden Wickeln im Anschluß kurz warm duschen und gründlich abfrottieren. Beenden Sie Ihr schlankmachendes Zeremoniell mit einem aromatischen Körperöl oder einer guten Pflegecreme. Wer Zeit und Muse hat, kann den Körperwickel in Form einer 14tägigen Kur täglich wiederholen.

Wichtig: Wer Probleme mit dem Herz, Kreislauf oder Blutdruck hat, der sollte vorher mit dem Arzt sprechen.

Fitnesstip

Unterstützen Sie Ihre neue Ernährung durch Bewegung.

Planen Sie morgens und abends täglich einige Minuten Fitneß ein, zum Beispiel mit schwungvollen Gymnastikübungen (möglichst am geöffneten Fenster).

Treiben Sie regelmäßig Sport (zum Beispiel Schwimmen, Tanzen, Radfahren), aber übertreiben Sie nicht.

Lassen Sie öfter mal das Auto stehen und gehen zu Fuß oder fahren Rad, um kleine Besorgungen zu machen. Statt des bequemen Aufzugs laufen Sie die Treppen hoch.

Gesundheitstip

Geben Sie Ihrem Magen die nötige Ruhe, das Essen zu verdauen. Folgende Faustregel gilt: Essen Sie etwa zwei Stunden nach dem Frühstück und den Zwischenmahlzeiten nichts. Nach dem Mittagessen sollten Sie etwa drei Stunden lang nichts essen.

Wichtig: Jeden Bissen sorgfältig kauen und zwischendurch das Trinken nicht vergessen.

Tagesplan

Frühstück
Apfel-Käsebrot
Kohlenhydratmahlzeit

1. Zwischenmahlzeit
Buttermilch
Neutrale Mahlzeit

Mittagessen
Pikante Hackfleischpfanne
Eiweißmahlzeit

2. Zwischenmahlzeit
1 Banane
Kohlenhydratmahlzeit

Abendessen
Pellkartoffeln mit Tsatsiki
Kohlenhydratmahlzeit

Heute den ganzen Tag

Brennesseltee

Für den Tee 2 gehäufte Eßlöffel frische oder getrocknete Brennesselblätter in 1/2 l sprudelndem Wasser etwa 5 Minuten ziehen lassen. Danach abseihen. Jeweils morgens, mittags und abends einen halben Liter warm trinken.

Gesundheitstip

Die Brennessel ist eine ganz alltägliche Pflanze und ein sehr altes, gut bewährtes Mittel, um die Harnausscheidung zu fördern.

Frühstück

Apfel-Käsebrot

Zubereitungszeit: ca. 10 Min.
ca. 480 kcal

1 Scheibe Vollkornbrot
2 EL Frischkäse (60% Fett i. Tr.)
1 EL Sonnenblumenkerne
2 Blätter Kopfsalat
1 kleiner, mürber Apfel
40 g Camembert (60% Fett i. Tr.)

1. Das Brot nach Belieben im Toaster kurz rösten, mit dem Frischkäse bestreichen und die Sonnenblumenkerne darauf streuen.

2. Die Salatblätter waschen und trockenschleudern.

3. Den Apfel waschen, trockenreiben, vierteln und das Kerngehäuse herausschneiden. Ein Apfelviertel und den Camembert in dünne Scheiben schneiden.

4. Das Brot mit den Salatblättern, den Apfelspalten und dem Käse belegen.

5. Die restlichen Apfelstücke zusammen mit dem Brot servieren.

1. Zwischenmahlzeit

250 ml Buttermilch

ca. 90 kcal

Mittagessen

Pikante Hackfleischpfanne

Zubereitungszeit: ca. 25 Min.
ca. 600 kcal

300 g Blumenkohl
etwas Meersalz
350 g reife Tomaten
1 Zwiebel
1 EL Butter
150 g Rinderhackfleisch
1 TL Kräutersalz
1 TL vegetarische Gemüsebrühe (aus Instantpulver)
1 TL Pizzagewürz
1 Msp. Cayennepfeffer
2 EL süße Sahne
2 EL feingehackte Basilikumblättchen

1. Den Blumenkohl putzen und in Röschen teilen. Sie in wenig leicht gesalzenem Wasser in 10 bis 12 Minuten garen.

2. In der Zwischenzeit die Tomaten über Kreuz einritzen, kurz überbrühen, abschrecken und enthäuten. Die Stielansätze herausschneiden und das Fruchtfleisch in kleine Stücke schneiden.

3. Die Zwiebel schälen, fein würfeln und in der Butter glasig dünsten. Das Hackfleisch hinzufügen, kurz anbraten, dabei zerkrümeln. Alles mit Kräutersalz, Gemüsebrühe, Pizzagewürz und Cayennepfeffer würzen.

4. Die Tomatenwürfel zusammen mit den abgetropften Blumenkohlröschen zum Hackfleisch geben und unter gelegentlichem Rühren etwa 5 Minuten schmoren lassen.

5. Zum Schluß die Sahne unterrühren und mit den gehackten Basilikumblättchen garnieren.

Küchentips

- *Statt Blumenkohl können Sie auch Romanesco-Gemüse oder grüne Bohnen verwenden.*
- *Blumenkohl bleibt schön weiß, wenn Sie in das Kochwasser einen Schuß süße Sahne geben.*
- *Bereiten Sie die Hackfleischpfanne schon am Vorabend zu. Am nächsten Morgen kurz erwärmen und in einer gut verschließbaren Thermobox zum Arbeitsplatz mitnehmen.*

Fitnesstip

Ob im Büro oder zu Hause, diese einfache Übung bringt Sie mächtig in Schwung.

Setzen Sie sich locker auf einen Stuhl und halten Sie sich links und rechts seitlich an der Sitzfläche fest. Nun heben Sie beide Beine bis zur Sitzhöhe an und fahren langsam „Rad." Je nach Ausdauer 20- bis 30mal. Dabei die gleichmäßige Atmung nicht vergessen.

Anschließend aufstehen und die Beine locker ausschütteln.

Küchentips

- *Kochen Sie die doppelte Menge Pellkartoffeln. Die restlichen Kartoffeln verwenden Sie am nächsten Tag.*
- *Junge Kartoffeln können problemlos mit der Schale gegessen werden.*

Gesundheitstip

Salz gibt vielen Speisen erst die richtige Würze. Doch zuviel davon ist ungesund. Denn Salz bindet das Wasser im Körper und schwemmt das Gewebe auf. Der Salzbedarf eines Erwachsenen liegt bei ca. 5 g pro Tag. Studien haben ergeben, daß viele Menschen das Dreifache täglich zu sich nehmen, ohne überhaupt den Salzstreuer zu benutzen.

Das Geheimnis liegt in den versteckten Salzen, die in vielen Nahrungsmitteln lauern.

Besonders die kalorienreduzierten Nahrungsmittel werden mit viel Salz geschmacklich aufgepeppt. Durch den Genuß dieser übermäßig salzhaltigen „Schlankheitskost“ kann sich Wasser im Gewebe ansammeln. Das Übergewicht hält sich hartnäckig, und es kann zu einem gestörten Stoffwechsel oder sogar zu einem Nierenleiden kommen. Besser ist es, selber zu kochen und dabei Salz nur sparsam zu verwenden. Statt mit Salz sollten Sie mit frischen Kräutern würzen.

2. Zwischenmahlzeit

1 große Banane

ca. 125 kcal

Abendessen

Pellkartoffeln mit Tsatsiki

Zubereitungszeit: ca. 25 Min.
ca. 290 kcal

200 g kleine Pellkartoffeln
1 Salatgurke
125 g Quark (20% Fett i. Tr.)
2 EL Mineralwasser
1 TL Meersalz
1–2 Knoblauchzehen nach Belieben
1 TL Paprikapulver, edelsüß

1. Die Kartoffeln gut waschen und als Pellkartoffeln in 18 bis 20 Minuten garen.

2. In der Zwischenzeit die Gurke schälen und 1/3 davon fein raspeln. Die restliche Gurke in 1 cm dicke Scheiben schneiden.

3. Den Quark mit dem Mineralwasser cremig rühren. Die Gurkenraspel leicht salzen und zum Quark geben. Nach Belieben Knoblauch durch eine Presse dazudrücken.

4. Die Pellkartoffeln und das Tsatsiki zusammen mit den Gurkenscheiben servieren. Mit dem Paprikapulver bestäuben.

Fitnesstip

Sport macht glücklich, weil während der Bewegung Endorphine, sogenannte Glückshormone ausgeschüttet werden. Sie sorgen für gute Laune und Zufriedenheit. Wer Spaß an der Bewegung hat, profitiert auf lange Sicht davon. Schon ein kurzes Bewegungsprogramm am Tag macht Sie fit und leistungsfähig. Dies führt zu einem besseren Körpergefühl, wodurch sich körperliche und seelische Spannungen lösen können.

Verschiedene Sport- oder Tanzarten werden sogar zu Therapiezwecken eingesetzt. So gilt der Flamenco-Tanz im Therapiebereich als idealer Konfliktlöser. Durch das Stampfen mit den Absätzen in den Boden, genannt Zapateado, vibriert der gesamte Körper und lädt sich mit Energien auf. Gleichzeitig verschwinden Aggressivität und traurige Stimmungen. Eine alte Zigeunerweisheit sagt: „Ich weine nicht, ich tanze Flamenco.“

TAGESPLAN

FRÜHSTÜCK
Obstfrühstück
Eiweißmahlzeit

1. ZWISCHENMAHLZEIT
Rosinenjoghurt
Kohlenhydratmahlzeit

MITTAGESSEN
Putengeschnetzeltes mit Butterbohnen
Eiweißmahlzeit

2. ZWISCHENMAHLZEIT
Müsliriegel
Kohlenhydratmahlzeit

ABENDESSEN
Bratkartoffeln mit Tomaten-Mozzarella-Salat
Kohlenhydratmahlzeit

HEUTE DEN GANZEN TAG

Bohnenschalentee

Für den Tee 2 Eßlöffel Bohnenschalen (Reformhaus) mit $^{1}/_{4}$ l kaltem Wasser übergießen und alles kurz aufkochen lassen. Danach durchseihen und warm 20 Minuten vor den Hauptmahlzeiten trinken.

Zusätzlich noch 1 l Mineralwasser über den Tag verteilt trinken.

GESUNDHEITSTIP

Bohnen sind nicht nur ein beliebtes Gemüse, sondern auch ein uraltes Mittel, den Körper zu entwässern. Nach alten Berichten wirkt Bohnenblüten- oder Bohnenschalentee auch gegen Gicht und rheumatische Erkrankungen.

FRÜHSTÜCK

Obstfrühstück

Zubereitungszeit: ca. 5 Min.
ca. 80 bis 130 kcal

250 g frisches Obst der Saison (z.B. Ananas, Orangen, Mango, Äpfel, Birnen, Erdbeeren)

Das Obst waschen, putzen, eventuell schälen und nach Belieben in mundgerechte Stücke schneiden.

1. ZWISCHENMAHLZEIT

Rosinenjoghurt

Zubereitungszeit: ca. 5 Min.
ca. 280 kcal

2 EL Rosinen
1 EL Ahornsirup
150 g Naturjoghurt

Die Rosinen heiß waschen und mit dem Ahornsirup und dem Joghurt vermischen.

MITTAGESSEN

Putengeschnetzeltes mit Butterbohnen

Zubereitungszeit: ca. 30 Min.
ca. 640 kcal

Für das Gemüse:
300 g grüne Bohnen
$1^{1}/_{2}$ EL Butter
1 TL gehacktes Bohnenkraut
80 ml vegetarische Gemüsebrühe (aus Instantpulver)

Für das Geschnetzelte:
150 g Putenfleisch
200 g frische Champignons
1 mittelgroße Zwiebel
1 EL kaltgepreßtes Sonnenblumenöl
200 ml vegetarische Gemüsebrühe (aus Instantpulver)
2 EL Frischkäse
einige Majoranblättchen

1. Die Bohnen putzen und in etwa 3 cm lange Stücke schneiden. Die Butter in einem Topf schmelzen lassen, die Bohnen und das Bohnenkraut hinzufügen und im geschlossenen Topf bei geringer Hitze zart anschmoren lassen.

2. Dann die Brühe angießen und 15 Minuten dünsten.

3. Das Putenfleisch waschen, trockentupfen und in schmale Streifen schneiden.

4. Die Champignons trocken abreiben, putzen und in dünne Scheiben schneiden. Die Zwiebel schälen und fein würfeln.

5. Das Öl in einer Pfanne erhitzen und das Fleisch unter Rühren kräftig darin anbraten. Die Pilze und die Zwiebelwürfel hinzufügen, beides kurz mitbraten und mit der Brühe ablöschen. Das Ganze bei geringer Hitze etwa 12 Minuten köcheln lassen.

6. Den Frischkäse in die Sauce rühren und mit den Majoranblättchen bestreuen.

2. ZWISCHENMAHLZEIT

1 Müsliriegel ohne Zucker

ca. 400 kcal

TRENNKOSTTIP

Zur besseren Verträglichkeit empfiehlt Hay während einer Mahlzeit bei einer Obstsorte bzw. artverwandten Sorten zu bleiben.

Sie können zum Beispiel Apfelsinen mit Mandarinen oder Pfirsiche mit Nektarinen kombinieren. Beerenfrüchte sollten Sie nicht zusammen mit Steinobst essen. Auch sollten Sie die genannten, zur Eiweißgruppe gehörenden Früchte nicht gleichzeitig mit Bananen verzehren, da diese zur Kohlenhydratgruppe zählen.

FITNESSTIP

Zur Kräftigung der Brust, Arm- und Schultermuskulatur setzen Sie sich aufrecht hin, die Beine sind hüftbreit geöffnet. Legen Sie die Handflächen vor dem Brustbein zusammen, ohne die Schultern zu heben. Nun die Füße gegen den Boden pressen und die Handflächen gegeneinanderdrücken. Danach die Finger ineinanderhaken und die Arme auseinanderziehen. Im Wechsel jeweils ca. 10 Sekunden die Spannung halten. Mehrmals wiederholen.

ABENDESSEN

Bratkartoffeln mit Tomaten-Mozzarella-Salat

Zubereitungszeit: ca. 25 Min.
ca. 640 kcal

Für die Bratkartoffeln:

200 g Pellkartoffeln vom Vortag
1 Zwiebel
2 EL kaltgepreßtes Sonnenblumenöl
1/2 TL Kräutersalz
1–2 TL Paprikapulver, edelsüß

Für den Salat:

400 g Tomaten
50 g Mozzarella
2 TL kaltgepreßtes Olivenöl
etwas Kräutersalz
einige Basilikumblättchen

1. Die gekochten Kartoffeln vom Vortag schälen und in Scheiben schneiden. Die Zwiebel schälen und fein würfeln.

2. Das Öl in einer Pfanne erhitzen und die Kartoffelscheiben darin rundum anbraten. Die Zwiebelwürfel hinzufügen und alles mit dem Kräutersalz und dem Paprikapulver würzen. Die Kartoffeln bei nicht zu starker Hitze so lange braten, bis sie knusprig braun sind.

3. Für den Salat die Tomaten waschen, die Stielansätze entfernen und in etwa 1 cm dicke Scheiben schneiden.

4. Die Tomatenscheiben auf einem Teller anrichten und den in dünne Scheiben geschnittenen Käse darauf legen. Mit dem Olivenöl beträufeln und leicht salzen.

5. Den Salat zusammen mit den Bratkartoffeln servieren und mit den Basilikumblättchen garnieren.

KÜCHENTIP

Zum Würzen verschiedener Gerichte passen Basilikum, Rosmarin und Salbei gut zusammen. Diese Kräutermischung gibt Speisen oft einen südländischen Flair.

GESUNDHEITSTIPS

- *Eine Ernährungsumstellung, besonders auf Gemüse und Rohkost, verursacht bei manchen Menschen unangenehme Blähungen. Das kann am ungenügenden Kauen und Einspeicheln der Speisen liegen, oder an den in der Nahrung befindlichen organischen Verbindungen. Diese lassen die Nahrung im Darm aufschäumen und hindern so die Luft am Entweichen.*

Ein vorzügliches Mittel zur Linderung und Vorbeugung der oft schmerzhaften Gasbildung im Darm ist Kümmel, z.B. als Kümmeltee in Verbindung mit Fenchel.

■ *Basilikum, mit dem feinen würzigen Aroma, wird nicht nur zum Würzen verschiedener Speisen verwendet, sondern hat auch in der Naturmedizin seinen festen Platz.*

Besonders heilkräftigend soll es bei Nervenschwäche wirken. Auch bei Husten und Heiserkeit sollte Basilikum eingesetzt werden.

SCHÖNHEITSTIP

Erschlaffte Haut und schlaffes Bindegewebe sind oftmals auf Siliziummangel zurückzuführen. Silizium (lateinisch silicea = Kieselsäure) ist für den menschlichen Organismus lebensnotwendig. Grundsätzlich enthalten alle Körperzellen Silizium, doch die höchste Konzentration befindet sich im Bindegewebe. Darum macht sich ein Mangel auch zuerst an der Haut bemerkbar. Sie erscheint welk, schlaff und verliert an Elastizität.

Untersuchungen haben ergeben, daß eine ausreichende Versorgung mit Kieselsäure deutlich die Spannkraft des Gewebes verbessert. Es gilt daher als biochemisches Kosmetikum. Doch Silizium wirkt auch bei erschlafften Gefäßwandungen, Krampfadern und Hämorrhoiden. Zudem löst es die Harnsäure auf und ist deshalb ein gutes Mittel gegen Gicht. Silizium wird durch den biologischen Stoffwechsel und die Zellalterung im Inneren des Körpers verbraucht und muß daher regelmäßig zugeführt werden.

Dieses sehr wichtige Spurenelement kommt besonders in Hirse, Hafer, Weizen und Kartoffeln vor.

TAGESPLAN

FRÜHSTÜCK
Morgenmüsli
Kohlenhydratmahlzeit

1. ZWISCHENMAHLZEIT
Frisches Obst
Eiweißmahlzeit

MITTAGESSEN
Sauerkraut mit Geflügelwürstchen
Eiweißmahlzeit

2. ZWISCHENMAHLZEIT
Knäckebrot mit Honig
Kohlenhydratmahlzeit

ABENDESSEN
Reiseintopf
Kohlenhydratmahlzeit

HEUTE DEN GANZEN TAG

Grüner Tee

Für den Tee 1/2 l kochendes Wasser auf 60 bis 75 Grad abkühlen lassen, 5 g Tee damit übergießen und 1 bis 1 1/2 Minuten ziehen lassen. Danach die Teeblätter entfernen und diese noch mehrere Male am Tag erneut mit heißem Wasser übergießen. Grüner Tee wirkt so am Morgen sehr erfrischend und am Abend, entsprechend der Stärke, beruhigend.

FRÜHSTÜCK

Morgenmüsli

Zubereitungszeit: ca. 5 Min.
ca. 490 kcal

3 EL kernige Haferflocken
1 EL ungeschwefelte Rosinen
1 EL Sonnenblumenkerne
200 g Kefir
1 EL Honig
1/2 vollreife Banane

1. Die Haferflocken in ein Schälchen geben und mit den Rosinen und Sonnenblumenkernen vermischen.

2. Mit dem Kefir übergießen und das Müsli mit dem Honig süßen.

3. Die Banane in dünne Scheiben schneiden und auf das Müsli legen.

GESUNDHEITSTIP

Dem Grünen Tee werden eine Vielzahl positiver Eigenschaften nachgesagt. Er senkt den Blutdruck, beschleunigt den Stoffwechsel, entschlackt, entgiftet, bekämpft Müdigkeit, belebt den Geist und erweitert das Bewußtsein. Er soll sogar vorbeugend gegen einige Krebsarten wirken. Von weiteren positiven Effekten berichten japanische und amerikanische Forschungsarbeiten, daß z.B. von Grünem Tee eine vorbeugende Wirkung gegen Arteriosklerose auszugehen scheint. Auch verbessert sich der erhöhte Blutfettspiegel und erhöhte Leberwerte würden sinken.

1. ZWISCHENMAHLZEIT

250 g frisches Obst der Saison

Zubereitungszeit: ca. 5 Min.
ca. 80 bis 130 kcal

MITTAGESSEN

Sauerkraut mit Geflügelwürstchen

Zubereitungszeit: ca. 25 Min.
ca. 400 kcal

1 Zwiebel
1 EL kaltgepreßtes Sonnenblumenöl
400 g Sauerkraut
1 TL Holstener Liesl (Brotaufstrich aus dem Reformhaus)
2 Kochwürstchen aus Geflügel

1. Die Zwiebel schälen, fein würfeln und in dem Öl glasig dünsten.

2. Das Sauerkraut etwas kleiner schneiden, zu den Zwiebeln geben und unter Rühren leicht anbraten.

3. Danach die Holstener Liesl hineinrühren und alles mit 70 ml Wasser auffüllen.

Das Kraut zugedeckt etwa 15 Minuten leicht köcheln lassen.

4. Etwa 5 Minuten vor Ende der Garzeit die Geflügelwürstchen auf das Kraut legen und im Dampf erhitzen.

Küchentip

Berufstätige, die wenig Zeit oder keine Gelegenheit zum Erwärmen der Speisen haben, können sich auch sehr schnell einen leckeren Sauerkraut-Snack zubereiten:

Dazu ein Vollkorn-Baguettebrötchen quer durchschneiden und beide Seiten mit je 1 Eßlöffel saurer Sahne bestreichen. Mit 30 g sehr fein geschnittenen rohen Rinderschinken belegen und etwa 200 g rohes Sauerkraut darauf geben. Die zweite Brötchenhälfte obenauf legen. Die restlichen 200 g Sauerkraut zusammen mit dem Brötchen essen.

Gesundheitstip

Sauerkraut macht schlank und läßt die Pfunde purzeln.

Durch seinen hohen Gehalt an Vitaminen, Mineral- und Ballaststoffen, macht Sauerkraut rundum satt und braucht mengenmäßig nicht eingeschränkt zu werden. Ein weiterer Vorteil: Sauerkraut reinigt den Darm, da es durch sein Aufquellen Fäulnisstoffe wegschwemmt.

Schönheitstip

Sauerkraut reinigt nicht nur von innen, sondern auch von außen. Speziell bei fettiger Haut ist es als Maske sehr zu empfehlen. Mit seinen bakterientötenden Eigenschaften wirkt es gegen Pickel und eine zu hohe Talgproduktion. Für eine Sauerkrautmaske benötigen Sie eine nicht zu heiße Kompresse und eine Handvoll rohes Sauerkraut. Legen Sie sich bequem hin und verteilen Sie das Sauerkraut gleichmäßig auf Gesicht und Hals. Decken Sie alles mit der feuchtwarmen Kompresse ab und lassen Sie es etwa 15 bis 20 Minuten einwirken. Dann mit lauwarmem Wasser abspülen.

2. Zwischenmahlzeit

Knäckebrot mit Honig

Zubereitungszeit: ca. 5 Min.
ca. 300 kcal

2 Scheiben Vollkornknäcke
50 g Frischkäse
2 TL flüssiger Honig

Den Frischkäse gleichmäßig auf den Knäckebroten verteilen und mit dem Honig bestreichen.

Schönheitstip

Ob mollig oder schlank, zum guten Aussehen gehört eine gerade Haltung. Um diese zu erzielen, müssen Sie sich oft selbst ermahnen, gerade zu stehen oder zu sitzen. Eine Hilfestellung kommt aus dem Bereich der Ismakogie:

Stellen Sie sich vor, mitten auf Ihrem Kopf befindet sich eine kleine Schlaufe. An der Zimmerdecke hängt eine zugfeste Schnur mit Haken, die sich in Ihre kleine Kopfschlaufe einhakt. Eine unsichtbare Hand zieht jetzt die Schnur nach oben und richtet ganz sachte und langsam Ihren Oberkörper Wirbel für Wirbel auf. Der Nacken wird länger, die Atmung freier.

Lassen Sie Ihren Atem harmonisch und gleichmäßig fließen.

Nehmen Sie sich Zeit für diese Übung und genießen Sie die königliche Haltung.

Abendessen

Reiseintopf

Zubereitungszeit: ca. 35 Min.
ca. 360 kcal

60 g Naturreis
1 Zwiebel
1 großes Bund Suppengrün
1 EL Butter
600 ml vegetarische Gemüsebrühe (aus Instantpulver)
1 EL frisch gehackter Liebstöckel
2 EL frisch gehackte Petersilie

1. Den Reis in einen Topf geben, mit Wasser bedecken und bei mittlerer Hitze etwa 25 Minuten im geschlossenen Topf garen.

2. In der Zwischenzeit die Zwiebel schälen und das Suppengrün putzen. Das gesamte Gemüse fein hacken und in der Butter glasig dünsten.

3. Die Brühe hinzufügen und die Suppe etwa 10 Minuten leicht kochen lassen.

4. Den Reis hineingeben und mit dem Liebstöckel würzen. Den Eintopf mit Petersilie bestreut servieren.

Küchentips

- *Reis ist wegen seines aromatischen Geschmacks vielseitig verwendbar. Sie können herzhafte Gerichte daraus kochen, aber auch Süßspeisen. (Siehe auch Zwischenmahlzeit am nächsten Tag).*
- *Schneller gar wird Reis, wenn man ihn vor dem Kochen in Wasser einweicht und etwa 8 Stunden quellen läßt.*
- *Statt Reis können Sie auch Vollkornsuppennudeln nehmen.*
- *Bereiten Sie etwas mehr Reis zu und verwenden Sie den Rest für die Zwischenmahlzeit am nächsten Tag.*

Gesundheitstip

Reis gilt nicht nur wegen seiner stark entwässernden Wirkung als ideales Schlankheitsmittel, er wird auch bei Rheuma und Herzerkrankungen als Diät empfohlen. Im ungeschälten Reis befinden sich viele wertvolle Mineralien wie Kalium, Eisen, Magnesium und Phosphor sowie wichtige B-Vitamine.

TAGESPLAN

FRÜHSTÜCK
Vesperbrot
Kohlenhydratmahlzeit

1. ZWISCHENMAHLZEIT
1 großer Apfel
Eiweißmahlzeit

MITTAGESSEN
Lachssalat
Eiweißmahlzeit

2. ZWISCHENMAHLZEIT
Reisdessert
Kohlenhydratmahlzeit

ABENDESSEN
Pilzpfanne mit gerösteter Brotschnitte
Kohlenhydratmahlzeit

HEUTE DEN GANZEN TAG

Apfelessig

Trinken Sie morgens, mittags und abends, 15 Minuten vor jeder Mahlzeit, 2 Teelöffel Apfelessig in einem Glas Wasser verrührt. Schmeckt er Ihnen zu säuerlich, können Sie das Getränk mit 1 Teelöffel Honig süßen. Trinken Sie zusätzlich mindestens 1 l Mineralwasser.

KÜCHENTIP

Diesen Apfelessig-Drink können Sie jeden Morgen auf nüchternen Magen trinken.

FRÜHSTÜCK

Vesperbrot

Zubereitungszeit: ca. 5 Min.
ca. 300 kcal

1 Scheibe Vollkornbrot
2 TL Butter
70 g Hüttenkäse
1 kleiner, mürber Apfel

1. Das Brot dünn mit der Butter bestreichen.

2. Den Hüttenkäse mit der Gabel auflockern und auf dem Brot verteilen.

3. Den Apfel waschen, trocknen, vierteln und das Kerngehäuse herausschneiden.

4. Ein Viertel des Apfels in dünne Spalten schneiden und auf dem Hüttenkäse verteilen. Die restlichen Apfelstücke zusammen mit dem Brot essen.

1. ZWISCHENMAHLZEIT

1 großer, säuerlicher Apfel

ca. 60 kcal

MITTAGESSEN

Lachssalat

Zubereitungszeit: ca. 30 Min.
ca. 540 kcal

Für den Salat:
1 Lachssteak (ca. 180 g)
etwas Meersalz
1 EL kaltgepreßtes Sonnenblumenöl
1–2 EL Zitronensaft
400 g gemischter frischer Salat (z.B. Eisbergsalat, Rucola, Paprikaschote, Gurke, Tomaten)

Für die Sauce:
2 EL Zitronensaft
1 TL Kräutersalz
2 EL süße Sahne
2 EL gehackte Petersilie

1. Das Lachssteak kurz waschen, trockentupfen und leicht salzen. Das Öl in der Pfanne erhitzen und den Fisch von jeder Seite etwa 6 bis 7 Minuten braten. Abgekühlt, in Stücke zerteilen und mit Zitronensaft beträufeln.

2. Den Salat und das Gemüse putzen, waschen, gegebenenfalls schälen, kleinschneiden und in einer Schüssel mischen.

3. Für die Sauce den Zitronensaft mit 80 ml Wasser, Kräutersalz und Sahne tüchtig verschlagen und die gehackte Petersilie untermischen.

4. Die Sauce über den Salat gießen und mit den Fischstückchen garnieren.

Küchentip

Salat, Lachs und Sauce lassen sich sehr gut schon am Vorabend zubereiten. Jedoch sollten Sie die Sauce in ein gut verschließbares Gefäß geben und erst kurz vor dem Verzehr über den Salat gießen. Ebenso sollten Sie den Fisch getrennt transportieren.

Gesundheitstips

- *Reich an Mineralien, Vitaminen und Ballaststoffen sind Äpfel ideal, um die Abwehrkräfte zu stärken. Auch läßt der in den Äpfeln enthaltene natürliche Fruchtzucker den Blutzuckerspiegel sanft steigen. Das wirkt zusammen mit der günstigen Zusammenstellung aus Pektin und Zellulose wie eine natürliche Eßbremse. Da Äpfel außerdem einen hohen Wassergehalt haben, gelten sie auch als ideale Durstlöscher. Gut gekaut befriedigen sie den Mundraum, der immer nach Eßbarem sucht.*
- *Fisch ist leicht verdaulich und reich an mehrfach ungesättigten Fettsäuren, speziell der Omega-3-Fettsäuren. Der bedeutendste Mineralstoff im Fisch ist Jod. Dieses wird von der Schilddrüse dringend benötigt, um wichtige Stoffwechselprozesse im Körper zu steuern. Weiterhin hat Fisch viele Mineralien und Spurenelemente wie Eisen, Kalzium, Kalium, Magnesium, Fluor und Selen sowie die Vitamine A, B, E und D. Das Sonnenvitamin D steckt vor allem in Hering und Lachs.*

Fitnesstip

Stellen Sie sich in einen Türrahmen und halten Sie sich links und rechts fest. Nun beugen Sie das Standbein leicht und heben das andere Bein langsam abwechselnd nach vorne und hinten hoch. Dabei immer mehr Schwung holen und kräftig nach vorne und hinten ausschwingen. 10- bis 20mal, dann Beinwechsel.

Diese Übung, regelmäßig angewendet, formt Po und Oberschenkel.

Wohlfühltip

Ständiges Denken an die Gewichtsabnahme setzt Sie unter Leistungsdruck. Der Gedanke, gar nicht essen zu wollen, regt im Unterbewußtsein den Appetit an.

Suchen Sie sich darum schönere Gedanken und lenken Sie sich durch interessante Tätigkeiten ab. Hilft dies nicht, gilt der Wahlspruch:

„Besser einmal etwas Schokolade essen, als ständig an Schokolade denken!"

2. Zwischenmahlzeit

Reisdessert

Zubereitungszeit: ca. 5 Min.
ca. 340 kcal

3 leicht gehäufte EL gekochten Reis vom Vortag
100 g Naturjoghurt
50 g saure Sahne
2 EL Ahornsirup
2 EL ungeschwefelte Rosinen
1 TL Zimtpulver

1. Den Reis mit dem Joghurt und der Sahne verrühren. Ihn mit dem Ahornsirup süßen.

2. Die Rosinen waschen und untermischen. Das Reisdessert mit dem Zimt bestäuben.

Küchentip

Das Reisdessert kann schon am Vorabend zubereitet werden und in einem gut verschlossenen Kunststoffbehälter mit ins Büro genommen werden.

Schönheitstip

1 Teelöffel Apfelessig mit 100 ml lauwarmem Wasser mischen. Mit dieser Mischung die gesamte Haut, einschließlich Gesicht, einreiben und an der Luft trocknen lassen.

Täglich angewendet, reguliert dies den Säuremantel der Haut. Besonders zu empfehlen bei juckender Kopfhaut.

Abendessen

Pilzpfanne mit gerösteter Brotschnitte

Zubereitungszeit: ca. 20 Min.
ca. 400 kcal

300 g frische Champignons
1 EL kaltgepreßtes Olivenöl
etwas Kräutersalz
1 TL Oregano
1 Knoblauchzehe
1 1/2 EL weiche Butter
1 Scheibe Vollkornbrot

Außerdem:
1 rote Paprikaschote

1. Die Pilze trocken abreiben, putzen und in Scheiben schneiden.

2. Das Öl in einer Pfanne erhitzen und die Pilze unter Rühren etwa 12 bis 15 Minuten darin braten. Mit dem Kräutersalz und dem Oregano würzen.

3. Die Knoblauchzehe schälen, durch eine Presse drücken und mit der Butter vermischen. Die Brotscheibe mit der Knoblauchbutter bestreichen und mit der Butterseite nach unten in einer Pfanne knusprig rösten.

Essen Sie dazu die rote Paprikaschote.

Tagesplan

Frühstück
Kräuterquarkbrötchen
Kohlenhydratmahlzeit

1. Zwischenmahlzeit
Frisches Obst
Eiweißmahlzeit

Mittagessen
Bunter Römersalat mit pikanten Knoblauchspaghetti
Kohlenhydratmahlzeit

2. Zwischenmahlzeit
Studentenfutter
Neutrale Mahlzeit

Abendessen
Feine Gemüsepfanne
Neutrale Mahlzeit

Heute den ganzen Tag

Brennesseltee

2 gehäufte Eßlöffel frische oder getrocknete Brennesselblätter in 1/2 l sprudelndem Wasser etwa 5 Minuten ziehen lassen. 15 Minuten vor jeder Mahlzeit trinken.

Zusätzlich 1 l Mineralwasser über den Tag verteilt trinken.

Frühstück

Kräuterquarkbrötchen

Zubereitungszeit: ca. 5 Min.
ca. 190 kcal

1 Vollkornbrötchen
80 g Quark (20% Fett i. Tr.)
2 EL Mineralwasser
etwas Kräutersalz
2 EL feingehackte Kräuter (Schnittlauch, Sauerampfer, Dill)
etwas Paprikapulver, edelsüß

1. Das Brötchen aufschneiden und eventuell nach Belieben toasten.

2. Den Quark mit dem Mineralwasser cremig rühren, leicht salzen und die Kräuter untermischen.

3. Die Brötchenhälften mit dem Quark bestreichen und mit dem Paprikapulver bestäuben.

1. Zwischenmahlzeit

250 g frisches Obst der Saison (z.B. Mango, Weintrauben, Kirschen, Erdbeeren, Birnen)

ca. 80 bis 130 kcal

Das Obst waschen, putzen, eventuell schälen und nach Belieben in mundgerechte Stücke schneiden.

Mittagessen

Bunter Römersalat mit pikanten Knoblauchspaghetti

Zubereitungszeit: ca. 30 Min.
ca. 930 kcal

Für den Salat:
1/2 kleiner Kopf Römersalat
1/2 Bund Rucola (Rauke)
1 rote Paprikaschote
6 Kirschtomaten
8 schwarze Oliven

Für die Sauce:
1 EL kaltgepreßtes Olivenöl
1 TL Obstessig
1 TL Frutilose
1 TL Kräutersalz
4 EL frische, gehackte Kräuter (Petersilie, Dill, Schnittlauch, Basilikum, Oregano)

Für die Spaghetti:
80 g Vollkornspaghetti ohne Ei (roh gewogen)
etwas Meersalz
5–6 Knoblauchzehen
1 kleines Stück getrocknete rote Pfefferschote
3 EL kaltgepreßtes Olivenöl
etwas Kräutersalz

1. Den Römersalat und den Rucola putzen, waschen und in mundgerechte Stücke zupfen.

2. Die Paprikaschote vierteln, putzen und das Kerngehäuse herausschneiden. Die Schote waschen, trocknen und in kleine Würfel schneiden.

3. Die Tomaten waschen, die Stielansätze herausschneiden und halbieren.

4. Für die Sauce das Olivenöl mit dem Obstessig, der Frutilose, 80 ml Wasser und dem Kräutersalz verrühren. Die frischen Kräuter untermischen und über den Salat gießen. Alles gut miteinander vermischen und mit den Oliven garnieren.

5. Die Nudeln in reichlich leicht gesalzenem Wasser in 10 bis 12 Minuten garen.

6. In der Zwischenzeit den Knoblauch schälen und in dünne Scheiben schneiden. Das Stück Pfefferschote sehr fein hacken.

7. Das Olivenöl in einer Pfanne erhitzen und den Knoblauch darin goldgelb braten. Die Pfefferschote hinzufügen.

8. Die Nudeln abgießen und mit kaltem Wasser abschrecken. Die Spaghetti mit dem würzigen Olivenöl mischen und alles mit dem Kräutersalz abschmecken.

KÜCHENTIP

Nicht alle Vollkornnudeln haben einen guten Geschmack oder ein appetitliches Aussehen. Braune Nudeln sind oftmals gefärbt, um die Vollwertigkeit hervorzuheben. Um Ihre Lieblingssorte zu finden ist es am besten, verschiedene Sorten auszuprobieren.

Küchentip

„Huile d'olive vierge extra" sollte es sein, naturbelassen und mit wenig freier Fettsäure. Dieses hochwertige Olivenöl ist nicht nur für die kalte Küche gut, sondern ebenso zum Braten und Kochen geeignet. Es ist sogar besonders hitzestabil. Der sonnengelbe bis kräftig grüne Extrakt schmeckt gut und ist sehr gesund. Durch den hohen Anteil der einfach ungesättigten Fettsäuren wird der Stoffwechsel positiv beeinflußt. Auch beugt es den schädlichen Ablagerungen in den Gefäßen vor und reduziert so das Risiko von Stoffwechselerkrankungen, wie Arteriosklerose und Herzinfarkt.

Schönheitstips

- *Gegen rauhe Ellbogen tränken Sie zwei Wattebäusche in leicht erwärmtem Olivenöl und legen Sie auf die Ellbogen. Anschließend mit Klarsichtfolie umwickeln und längere Zeit einwirken lassen. Gleiches gilt auch für rauhe Hände oder Füße.*
- *Gegen Halsfalten tränken Sie ein Zellstofftuch mit warmen Olivenöl und legen es auf Hals und Dekolleté. Mit Frischhaltefolie abdecken und eine feuchtheiße Kompresse darauf legen. Mit einem Handtuch die Wärme halten und mindestens eine halbe Stunde einwirken lassen. Anschließend das Öl ohne Seife, nur mit warmen Wasser abwaschen.*

2. Zwischenmahlzeit

Studentenfutter

Zubereitungszeit: ca. 5 Min.
ca. 320 kcal

2 EL Rosinen
1 EL Sonnenblumenkerne
1 EL Kürbiskerne
8 Mandeln

Alle Zutaten miteinander mischen und als Pausensnack genießen.

Abendessen

Feine Gemüsepfanne

Zubereitungszeit: ca. 30 Min.
ca. 420 kcal

150 g Brokkoli
150 g Blumenkohl
etwas Meersalz
200 g Möhren
1 Zwiebel
1 EL Butter
3 EL süße Sahne
100 ml Gemüsewasser (vom Brokkoli und Blumenkohl)
60 g Ricotta (italienischer Frischkäse)
1 TL vegetarische Gemüsebrühe (aus Instantpulver)
2 EL gehackte Petersilie

1. Den Brokkoli und den Blumenkohl waschen, putzen und in kleine Röschen zerteilen. Die Stiele vom Brokkoli schälen und in kleine Stücke schneiden. Das Gemüse in wenig Salzwasser in 10 bis 12 Minuten bißfest garen. Anschließend alles aus dem Wasser nehmen.

2. Die Möhren putzen, schälen und in Scheiben schneiden. Die Zwiebel schälen und fein würfeln.

3. Die Butter in einer Pfanne schmelzen lassen und die Zwiebelwürfel und Möhrenscheiben bei milder Hitze einige Minuten anbraten.

4. Die Sahne und das Gemüsewasser angießen, alles aufkochen und weitere 5 bis 8 Minuten auf kleiner Flamme köcheln lassen.

5. Dann den Ricottakäse in die Sauce einrühren und alles mit der Gemüsebrühe abschmecken. Den Brokkoli und die Blumenkohlröschen dazugeben und alles nochmals kurz erhitzen. Mit der Petersilie bestreuen.

Wohlfühltip

Du mußt lernen, das Essen und seine Vorbereitung zu genießen – den Hunger am Anfang und dann die behutsame Zubereitung, den schön gedeckten Tisch, das erste Kosten, das Kauen, das Atmen, das Riechen, das Schmecken, das Schlucken und hinterher dieses unbeschreibliche Gefühl von Leichtigkeit und Energie ...

Dan Millman

Fitnesstips

▪ *Sie halten sich für unsportlich oder sind bewegungsfaul? Eine gute Möglichkeit, trotzdem zu einem regelmäßigen Bewegungsprogramm zu finden, sind leichte Stretching- und Entspannungsübungen. Sie werden überrascht sein, wie die Muskeln auf ein leichtes Training ansprechen. Schon nach kurzer Zeit werden Sie körperliche Veränderungen feststellen. Der Körper baut auf dieser Weise langsam Fettreserven ab und durch die bessere Durchblutung des Gewebes wirken Sie jünger und gesünder.*

▪ *Gegen Rückenschmerzen hilft folgende Übung:*

Setzen Sie sich aufrecht mit leicht gespreizten Beinen auf einen Stuhl. Beugen Sie dann langsam den Oberkörper nach vorne zwischen die Beine und umfassen Sie die Fußgelenke von innen. Schließen Sie die Augen und atmen Sie gleichmäßig tief ein und aus. Spüren Sie in Ihren Rücken hinein.

Danach ganz langsam wieder Wirbel für Wirbel aufrichten, dabei tief einatmen und nach kurzer Pause wiederholen. Diese Übung 5mal durchführen.

Tagesplan

Frühstück
Knuspriges Buttermilchmüsli
Kohlenhydratmahlzeit

1. Zwischenmahlzeit
3 Möhren
Neutrale Mahlzeit

Mittagessen
Fitneßteller
Eiweißmahlzeit

2. Zwischenmahlzeit
Heidelbeercrêpes mit Zimtsahne
Kohlenhydratmahlzeit

Abendessen
Überbackene Gemüsebrote
Kohlenhydratmahlzeit

Heute den ganzen Tag

Johanniskrauttee

2 gehäufte Teelöffel des getrockneten Krautes mit 1/4 l kochendem Wasser begießen, 10 Minuten ziehen lassen und abseihen. Noch heiß in kleinen Schlucken trinken. 20 Minuten vor dem Mittag- und Abendessen wiederholen.

Zusätzlich über den Tag verteilt 1 Liter Mineralwasser trinken.

Gesundheitstip

Wie der Tag sich weiter entwickelt, hängt auch vom Frühstück ab. Ein kerniges Power-Müsli weckt die Lebensgeister, macht lange satt und sorgt für einen ausgeglichenen Blutzuckerspiegel.

Frühstück

Knuspriges Buttermilchmüsli

Zubereitungszeit: ca. 10 Min.
ca. 700 kcal

1 EL Mandelstifte
2 EL Sonnenblumenkerne
1 EL Sesam
50 g kernige Haferflocken
2 EL Rosinen
150 g Buttermilch
2 TL Honig

1. Die Mandelstifte zusammen mit den Sonnenblumenkernen und dem Sesam in einer beschichteten Pfanne ohne Fett kurz rösten.

2. Anschließend mit den Haferflocken und den Rosinen vermischen.

3. Die Buttermilch darübergießen und mit dem Honig abschmecken.

1. Zwischenmahlzeit

3 Möhren

ca. 90 kcal

Schlankheitstip

Der kleine Hunger zwischendurch kann mit rohen Möhren besänftigt werden. Die leichte Süße der Möhren hebt den Blutzuckerspiegel an und das starke Kauen besänftigt die Eßlust.

Mittagessen

Fitneßteller

Zubereitungszeit: ca. 30 Min.
ca. 570 kcal

Für den Salat:
1/2 kleiner Eisbergsalat
1/2 kleines Bund Radieschen
1 kleine, gelbe Paprikaschote
2 Tomaten
5 Champignons
1 TL Zitronensaft

Für die Sauce:
1 Möhre
100 g Naturjoghurt
50 g saure Sahne
2 EL Zitronensaft
1 TL Kräutersalz
3 EL gehackte Kräuter (z.B. Petersilie, Sauerampfer, Zitronenmelisse)

Außerdem:
150 g Hähnchenbrustfilet
1 EL kaltgepreßtes Sonnenblumenöl

1. Den Eisbergsalat waschen, putzen und trockenschleudern. Die Radieschen waschen, putzen und in dünne Scheiben schneiden.

2. Die Paprikaschote waschen, halbieren, entkernen und in Würfel schneiden. Die Tomaten waschen, die Stielansätze herausschneiden und würfeln.

3. Die Champignons trocken abreiben und putzen, in Scheiben schneiden und mit dem Zitronensaft beträufeln.

4. Für die Sauce die Möhre schälen, waschen und sehr fein raspeln.

5. Den Joghurt mit der Sahne, 50 ml Wasser, Zitronensaft, Kräutersalz, den gehackten Kräutern und den Karottenraspeln mischen. Alle vorbereiteten Salatzutaten in eine Schüssel geben und mit der Marinade mischen.

6. Das Hähnchenfilet kurz waschen, trocknen und in schmale Streifen schneiden. Das Öl in der Pfanne erhitzen und die Fleischstücke darin etwa 5 Minuten von allen Seiten braun braten. Noch warm über den Salat geben.

Fitnesstip

Stützen Sie sich mit beiden Händen gegen eine Wand und versuchen Sie, diese mit voller Kraft wegzuschieben. Das vordere Bein ist von der Wand etwa 50 cm entfernt und leicht angewinkelt. Das hintere Bein wird nach hinten ausgestreckt. Beide Fersen bleiben fest auf dem Boden. In dieser Stellung etwa 20 Sekunden verharren, danach die Beine wechseln. Diese Übung 5mal im Wechsel wiederholen. Hier wird auf sanfte Art die Blutzirkulation angeregt und der Fettabbau angekurbelt. Ein regelmäßiges Training dieser Art ist sehr wichtig, um Stoffwechsel und Lymphsystem positiv zu beeinflussen.

Wohlfühltip

Der kritische Tag beim Abnehmen. Jeder kennt ihn, den Tag, an dem man alles hinwerfen will. Das anfängliche jubelnde Glücksgefühl der bevorstehenden Traumfigur rückt in unendliche Ferne und negative Gefühle machen sich breit. Grund dafür können Hektik, körperliche sowie seelische Belastungen sein, worauf unser sensibles Nervensystem mit Abwehr reagiert. Hier hilft nur eins: Überlisten Sie sich selbst, denn gegen Niedergeschlagenheit ist ein Kraut gewachsen: das Johanniskraut. Die Blüten und Blätter des Johannisstrauches enthalten wirksame Stimmungsmacher und sind ein sicheres Mittel für gute Laune.

Wohlfühltips

Wer sich ständig durch zu hohe Anforderungen bei der Gewichtsabnahme unter Streß setzt, blockiert den Stoffwechsel. Unbewußt werden so die benötigten Energien zur Fettverbrennung für die Streßbewältigung genutzt. Wer abnehmen will, sollte deshalb täglich für mehr Spaß und Freude sorgen. Darum: Lachen Sie sich schlank. Lachen aktiviert die Durchblutung und hilft so bei der Entschlackung.

Eine gute Möglichkeit einen kritischen Tag aufzulockern, ist positives Denken. Negative Selbstbilder schaden dem Unterbewußtsein. Deshalb: Coachen Sie sich selbst. Wichtig ist dabei die gerade Körperhaltung. Kopf hoch und die Schultern zurück, ist die beste Methode, Stand und Dynamik in das Leben zu bringen. Vitalisieren Sie Ihre Lebensgeister mit klangvoller Musik und bunten Farben. Stellen Sie sich deutlich vor, wie Sie jeden Tag ein Stückchen schlanker werden. Zählen Sie auf, was Sie bis jetzt alles schon erreicht haben und freuen Sie sich über diese Erfolge. Verwenden Sie zudem ein ätherisches Öl. Zum Beispiel Vanille. Kaum ein anderes Öl hat die Gabe, so angenehm die Sonnenseite des Lebens darzustellen. Der süß-liebliche Geruch der Vanille überbringt Ihnen die Botschaft: „Das Leben ist zum Genießen da.“

2. Zwischenmahlzeit

Heidelbeercrêpes mit Zimtsahne

Zubereitungszeit: ca. 15 Min.
ca. 590 kcal

3 EL Sahne
1 Msp. Meersalz
1 frisches Eigelb
50 g feines Dinkelvollkornmehl
1 Msp. Backpulver
$1^1/_2$ EL kaltgepreßtes Sonnenblumenöl
3 EL frische Heidelbeeren (ersatzweise TK-Beeren)
1 EL Ahornsirup
2 EL geschlagene Sahne
$^1/_2$ TL Zimtpulver

1. Für den Teig die Sahne mit 150 ml Wasser, Salz und Eigelb in einer Schüssel verquirlen.

2. Das Mehl mit dem Backpulver mischen und hinzufügen. Alles zu einem glatten Teig verrühren.

3. Das Öl in einer beschichteten Pfanne nicht zu stark erhitzen und den Teig hineingeben. Diesen durch Schwenken in der Pfanne verteilen. Das Crêpe von beiden Seiten goldbraun backen.

4. Die Heidelbeeren verlesen, waschen, gut abtropfen lassen und mit dem Ahornsirup süßen. Die Beeren auf dem Crêpe verteilen und aufrollen. Mit der Sahne garnieren und mit dem Zimt bestäuben.

Abendessen

Überbackene Gemüsebrote

Zubereitungszeit: ca. 20 Min.
ca. 720 kcal

2 rote Paprikaschoten
1 Zwiebel
3 EL TK-Maiskörner
1 EL kaltgepreßtes Sonnenblumenöl
1 TL Pizzagewürz
1 TL Kräutersalz
2 mittelgroße Scheiben Vollkornbrote
1 EL Butter
60 g Wörishofener Käse (60% Fett i. Tr.)

1. Die Paprikaschoten waschen, die Kerngehäuse entfernen und das Fruchtfleisch in kleine Streifen schneiden.

2. Die Zwiebel schälen und in Ringe schneiden. Die Paprikastreifen von 1 Schote, die Zwiebelringe und den Mais unter Rühren im heißen Öl etwa 5 Minuten braten. Mit dem Pizzagewürz und dem Salz leicht würzen.

3. Die Brote mit der Butter dünn bestreichen und die Gemüsemischung darauf verteilen. Mit dem Käse belegen und im Grill etwa 10 Minuten überbacken, bis der Käse gut verlaufen ist.

Essen Sie dazu die zweite Paprikaschote.

2. Woche

Genußvoll abnehmen

Nach den ersten Erfolgen geht es nun weiter mit leckeren Rezeptideen aus der delikaten Trennkostküche. Bei den folgenden Gerichten freuen sich Gaumen und Seele und machen das Abnehmen weiterhin zum Vergnügen. Denn Essen ist eine Lebensfreude und darf gerade bei einer Gewichtsreduktion nicht vernachlässigt werden.

Suggerieren Sie sich auch zusätzlich selbst Ruhe und Kraft. Sie werden überrascht sein, daß Sie auch ohne Abnehmstreß zum gewünschten Ziel kommen.

Eine gute Idee ist es, Gleichgesinnte mit einzubeziehen. Denn in der Gruppe spornt Abnehmen so richtig an, da wertvolle Gespräche allen Beteiligten große Hilfe bietet.

Tagesplan

Frühstück
Joghurt mit frischen Früchten
Eiweißmahlzeit

1. Zwischenmahlzeit
1 große Orange
Eiweißmahlzeit

Mittagessen
Buntes Gemüse mit Spiegeleiern
Eiweißmahlzeit

2. Zwischenmahlzeit
Vollkornknäckebrot mit Ziegenfrischkäse und Tomate
Kohlenhydratmahlzeit

Abendessen
Kartoffelgratin
Kohlenhydratmahlzeit

Heute den ganzen Tag

Grüner Hafertee

Bringen Sie 1 l Wasser zum Sieden. Geben Sie 2 gut gehäufte Eßlöffel Grüner Hafertee hinzu und lassen Sie diesen etwa 20 Minuten leicht köcheln. Danach abseihen und über den Tag verteilt warm oder kalt trinken.

Gesundheitstip

Grüner Hafertee unterstützt die Entwässerung, regt den Gesamtstoffwechsel an und fördert so die Ausscheidung verschiedener Abbauprodukte, zum Beispiel Harnsäure.

Frühstück

Joghurt mit frischen Früchten

Zubereitungszeit: ca. 5 Min.
ca. 280 kcal

150 g frische Früchte der Saison (z.B. Erdbeeren, Kirschen oder Orangen)
150 g Sahnejoghurt
2 TL Frutilose

1. Die Früchte waschen (einige Früchte zur Garnitur beiseite legen), etwas zerkleinern und unter den Joghurt mischen.

2. Mit der Frutilose leicht süßen und mit den restlichen ganzen Früchten garnieren.

1. Zwischenmahlzeit

1 große Orange oder anderes wasserhaltiges Obst der Saison

ca. 80 kcal

Gesundheitstip

Das viel Trinken wichtig ist, ist allgemein bekannt. Doch nicht immer hat man Lust auf Mineralwasser oder Tee. Eine einfache Lösung: Frische Früchte essen, die einen hohen Wassergehalt aufweisen, wie Wassermelonen, Orangen, Erdbeeren oder Grapefruit. Sie enthalten außerdem wichtige Vitamine, Mineralstoffe, Enzyme und Ballaststoffe.

Mittagessen

Buntes Gemüse mit Spiegeleiern

Zubereitungszeit: ca. 30 Min.
ca. 690 kcal

Für das Gemüse:
1 rote Paprikaschote
1 kleine Aubergine (ca. 200 g)
1 kleine Zucchini (ca. 200 g)
2 EL kaltgepreßtes Olivenöl
3 reife Tomaten
1 TL Pizzagewürz
1 TL vegetarische Gemüsebrühe (aus Instantpulver)
1/2 TL Kräutersalz
2 EL süße Sahne

Für die Eier:
1 EL kaltgepreßtes Sonnenblumenöl
2 Eier
1 Msp. Meersalz

Außerdem:
einige Blättchen Basilikum

1. Das Gemüse waschen und putzen. Die Paprikaschote halbieren, entkernen und das Fruchtfleisch in kleine Würfel schneiden.

2. Die Aubergine etwa 2 cm groß würfeln und die Zucchini in 1/2 cm dicke Scheiben schneiden.

3. Das Olivenöl in einer Pfanne erhitzen und das Gemüse unter Rühren etwa 5 Minuten anbraten.

4. Die Tomaten über Kreuz einritzen, kurz überbrühen, enthäuten, von den Stielansätzen befreien und in kleine Würfel schneiden.

5. Die Tomatenwürfel zum Gemüse geben und mit den Würzzutaten abschmecken. Zugedeckt weitere 8 bis 10 Minuten leicht kochen lassen und zum Schluß mit der Sahne verfeinern.

6. In der Zwischenzeit das Sonnenblumenöl in einer weiteren Pfanne erhitzen. Die Eier einzeln hineinschlagen und Spiegeleier braten. Diese mit dem Salz leicht würzen. Das bunte Gemüse zusammen mit den Spiegeleiern servieren und mit den Basilikumblättchen garnieren.

Küchentip

Natürlich können Sie sich im Büro keine Spiegeleier braten. Als Alternative dazu essen Sie zwei gekochte Eier, dazu 300 bis 400 g Rohkost, zum Beispiel Tomaten, Gurke, Möhren oder Kohlrabi.

Schönheitstip

Der ideale „Schlankmacher" unter den Milchprodukten ist Joghurt. Er ist leicht verdaulich, reguliert die Darmflora und stärkt das Immunsystem.

Außerdem stärkt er die Haut und stabilisiert den Säureschutzmantel, und ihm werden reinigende Kräfte nachgesagt. Tragen Sie 1 bis 2 Teelöffel Joghurt auf Gesicht und Hals mit kreisenden Bewegungen auf. Kurze Zeit einwirken lassen und anschließend mit lauwarmen Wasser abspülen. Danach fühlt sich die Haut glatt und weich an.

Fitnesstip

Stellen Sie sich mit leicht gespreizten Beinen aufrecht hin. Die Arme nun abwechselnd weit nach oben strecken, als wollten Sie höher hängendes Obst vom Baum pflücken. Die Bauchmuskulatur ist angespannt.

Diese Übung strafft und festigt die seitlichen Körperpartien, ebenso die Arme und den Bauch.

Gesundheitstip

Naturprodukte, wie Getreide, Obst und Gemüse sind gesunde Schlankmacher. Das Geheimnis des Abnehmeffektes liegt neben dem großen Anteil an Ballaststoffen am hohen Kaliumgehalt. Kalium ist der Gegenspieler von Natrium. Erwachsene brauchen davon täglich etwa 4 g. Etwa 800 g Gemüse oder Obst am Tag gegessen, liefert die ausreichende Menge, um den Stoffwechsel zu aktivieren und über die Nieren überflüssiges Wasser auszuscheiden. Automatisch verliert der Körper dabei an Gewicht. Vor allem die Banane ist sehr kaliumreich. Ebenso Trockenobst und die Kartoffel. Durch die natürliche Entwässerung des Körpers brauchen Sie jedoch kein Defizit im Mineralstoff- oder Vitaminhaushalt zu befürchten. Denn über das Gemüse, Obst und vollwertiges Getreide werden dem Organismus erneut wertvolle Vitalstoffe zur Verfügung gestellt.

2. Zwischenmahlzeit

Vollkornknäckebrot mit Ziegenfrischkäse und Tomate

Zubereitungszeit: ca. 5 Min.
ca. 360 kcal

2 Vollkornknäckebrote
75 g Ziegenfrischkäse
1 Tomate
etwas Schnittlauch

1. Die Vollkornknäckebrote mit dem Ziegenfrischkäse bestreichen.

2. Die Tomate waschen, den Stielansatz entfernen, in Scheiben schneiden und überlappend auf die Brote legen.

3. Mit Schnittlauchröllchen bestreuen.

Schlankheitstip

Kleiner Trick bei Süßhunger: Getrocknete Früchte lutschen.

Abendessen

Kartoffelgratin

Zubereitungszeit: ca. 30 Min.
ca. 650 kcal

1 Zwiebel
1 große Stange Lauch
200 g gegarte Pellkartoffeln
1 EL kaltgepreßtes Sonnenblumenöl
50 ml süße Sahne
1 TL vegetarische Gemüsebrühe (aus Instantpulver)
1 Msp. Cayennepfeffer
1 TL gehackten Majoran
60 g Wörishofener Käse (60% Fett i. Tr.)

1. Die Zwiebel schälen und fein würfeln. Den Lauch putzen, waschen und in feine Scheiben schneiden.

2. Die Pellkartoffeln schälen und in etwa 1 cm dicke Scheiben schneiden. Den Backofen auf 175° C vorheizen.

3. Das Öl in einer Pfanne erhitzen und die Zwiebelwürfel leicht anbraten. Den Lauch hinzufügen und dünsten.

4. Die Kartoffelscheiben in eine Auflaufform schichten und den Lauch darauf geben.

5. Die Sahne mit 100 ml Wasser vermischen und mit der Gemüsebrühe, Cayennepfeffer und Majoran würzen. Über den Lauch gießen.

6. Den Käse in Streifen darauf legen. Das Gratin etwa 8 bis 10 Minuten überbacken.

TAGESPLAN

FRÜHSTÜCK
Haferflockenmüsli mit Aprikosen
Kohlenhydratmahlzeit

1. ZWISCHENMAHLZEIT
Frisches Obst
Eiweißmahlzeit

MITTAGESSEN
Vollkornbrötchen mit Räucherlachs und Möhrenfrischkost
Kohlenhydratmahlzeit

2. ZWISCHENMAHLZEIT
1 Banane
Kohlenhydratmahlzeit

ABENDESSEN
Dinkelsuppe
Kohlenhydratmahlzeit

HEUTE DEN GANZEN TAG

Früchtetee

6 Eßlöffel getrocknete Brombeer- und Himbeerblätter mit $1^1/_2$ l kochendem Wasser übergießen und etwa 5 bis 7 Minuten ziehen lassen. Abseihen und über den Tag verteilt trinken.

TRENNKOSTTIP

Teesorten, die aus säuerlichen Früchten hergestellt wurden, sollten Sie nicht zu einer kohlenhydratreichen Mahlzeit trinken.

FRÜHSTÜCK

Haferflockenmüsli mit Aprikosen

Quellzeit: ca. 8 Std.
Zubereitungszeit: ca. 5 Min.
ca. 330 kcal

3 ungeschwefelte Trockenaprikosen
50 g kernige Haferflocken
125 g Kefir
1 TL Ahornsirup

1. Die Aprikosen klein schneiden und in wenig Wasser über Nacht quellen lassen.

2. Am nächsten Morgen die Haferflocken in ein Schälchen geben. Mit den Aprikosen, dem Einweichwasser und dem Kefir verrühren. Mit dem Ahornsirup leicht süßen.

1. ZWISCHENMAHLZEIT

250 g frisches Obst oder Rohkost der Saison

Zubereitungszeit: ca. 5 Min.
ca. 80 bis 130 kcal

Das Obst waschen, putzen, eventuell schälen und nach Belieben in mundgerechte Stücke schneiden.

GESUNDHEITSTIP

Ballaststoffe benötigen zum Quellen ausreichend Flüssigkeit. Trinken Sie deshalb mindestens 1 l pro Tag.

MITTAGESSEN

Vollkornbrötchen mit Räucherlachs und Möhrenfrischkost

Zubereitungszeit: ca. 15 Min.
ca. 760 kcal

Für das Brötchen:
1 großes Vollkornbrötchen
60 g Frischkäse (60% Fett i. Tr.)
3 Salatblätter
60 g Räucherlachs in Scheiben

Für die Möhrenfrischkost:
400 g Möhren
3 EL süße Sahne
1 EL kaltgepreßtes Sonnenblumenöl
1 TL Frutilose
1 TL Apfelessig
$^1/_2$ TL Meersalz

1. Das Brötchen aufschneiden und mit dem Frischkäse bestreichen. Mit den gewaschenen Salatblättern und dem Lachs belegen und mit der anderen Hälfte abdecken.

2. Die Möhren putzen, schaben und fein raspeln.

3. Die Sahne mit 80 ml Wasser, Öl, Frutilose, Apfelessig und Salz verrühren und die Möhren damit anmachen.

Küchentip

Berufstätige können beide Speisen in einer fest verschließbaren Plastikdose ins Büro mitnehmen. Die Möhren müssen bei Zeitmangel nicht unbedingt geraspelt werden. Abgeschabt und gewaschen schmecken sie aus der Hand gegessen vorzüglich.

Gesundheitstip

Kräutertees stillen nicht nur den Durst, sondern haben gleichzeitig arzneiliche Wirkungen. Darum sollten Sie Tees, wie Pfefferminze, Kamille, Fenchel, Brennessel und andere Kräuter nicht über einen längeren Zeitraum trinken.

Wechseln die verschiedenen Teesorten täglich, so ist gegen den Gebrauch nichts einzuwenden.

Tees aus Früchten, wie getrocknete Äpfel, Malve oder Hibiskus können Sie unbedenklich trinken.

Trennkosttip

Haferflocken zählen zu den Kohlenhydraten und sollten deshalb nicht mit Milch oder sauren Früchten kombiniert werden.

Besser und leichter verträglich sind gesäuerte Milchprodukte wie Kefir, Buttermilch, Trinksauermilch sowie getrocknete Früchte, Bananen, Datteln und Feigen.

2. Zwischenmahlzeit

1 große Banane

ca. 125 kcal

Fitnesstip

Für eine kräftige Nackenmuskulatur setzen Sie sich aufrecht auf einen Stuhl und verschränken die Hände hinter dem Kopf. Drücken Sie nun den Kopf gegen die Hände und bauen Sie eine Spannung auf, ohne den Kopf zu bewegen. Die Spannung ca. 10 bis 15 Sekunden halten. Mehrmals wiederholen.

Gesundheitstip

Als Energiequelle mit hohem Nährwertgehalt ist Hafer unschlagbar. Der hohe Anteil an Mineralstoffen, wie Kalzium, Magnesium, Eisen sowie an wertvollen Fettsäuren und Vitaminen, verwandeln das unscheinbare Getreide in ein wahres Kraftpaket.

Besonders als Mittel gegen zu hohe Blutfettwerte hat es sich bestens bewährt. Hafer stärkt auch das Nervenkostüm, durch einen Stoff, der die Stimmung hebt und munter macht.

Der hohe Anteil an Ballaststoffen fördert die Verdauung.

Haferflocken gibt es in verschiedenen Varianten. Die wertvollsten Inhaltsstoffe befinden sich in den Flocken aus ganzem Korn.

Abendessen

Dinkelsuppe

Zubereitungszeit: ca. 30 Min.
Quellzeit: ca. 8 Std.
ca. 350 kcal

60 g gequollene Dinkelkörner
1/2 kleiner Blumenkohl
1 Zwiebel
1 großes Bund Suppengrün
1 1/2 EL Butter
400 ml vegetarische Gemüsebrühe (aus Instantpulver)
1 TL getrockneter Liebstöckel
2 EL süße Sahne

1. Den gequollenen Dinkel im geschlossenen Topf bei geringer Hitze in etwa 25 Minuten garen.

2. In der Zwischenzeit den Blumenkohl putzen und in sehr kleine Röschen teilen. Danach die Zwiebel schälen, das Suppengrün putzen und beides in kleine Stücke schneiden.

3. Die Butter in einem Topf zerlassen und zuerst die Zwiebel, dann das restliche Gemüse darin leicht anschmoren. Alles mit der Brühe auffüllen und zugedeckt etwa 12 bis 15 Minuten leicht kochen lassen.

4. Anschließend den gegarten Dinkel hinzufügen, die Suppe mit dem Liebstöckel würzen und mit der Sahne verfeinern.

Küchentips

- *Für die Dinkelsuppe am Abend die Dinkelkörner schon morgens mit Wasser bedecken und den ganzen Tag quellen lassen.*
- *Weichen Sie 40 g Dinkelkörner zusätzlich ein und bewahren Sie diese für das morgige Frühstück auf.*

Gesundheitstip

Ballaststoffe sind Pflanzenfasern, die durch ihre stark aufquellenden Substanzen ein lang anhaltendes Sättigungsgefühl erzeugen. Dies wirkt sich natürlich positiv auf das Hungergefühl aus. Ein weiterer Vorteil ist, daß bei ballaststoffreicher Ernährung der Blutzuckerspiegel nur langsam ansteigt und sich ebenso langsam wieder abbaut. Dadurch werden Heißhungerattacken vermieden. Nicht nur Übergewichtige profitieren von einem ausgeglichenen Blutzuckerspiegel, sondern besonders auch die Diabetiker. Ballaststoffe regen die Darmtätigkeit an und verhindern so Darmträgheit und Verstopfung.

Das Getreidekorn ist der wichtigste Ballaststofflieferant in unserer Ernährung. Doch auch im Gemüse, in Obst, Salaten, getrockneten Früchten und Nüssen sind diese unverdaulichen Pflanzenfasern reichlich vorhanden.

TAGESPLAN

FRÜHSTÜCK
Dinkelmüsli
Kohlenhydratmahlzeit

1. ZWISCHENMAHLZEIT
1 Orange
Eiweißmahlzeit

MITTAGESSEN
Fruchtiger Hähnchentopf
Eiweißmahlzeit

2. ZWISCHENMAHLZEIT
Buttermilch-Bananen-Teller
Kohlenhydratmahlzeit

ABENDESSEN
Bunter Kartoffel-Gemüse-Salat
Kohlenhydratmahlzeit

HEUTE DEN GANZEN TAG

Orangentee

20 g Orangenblüten
20 g Orangenblätter
20 g Baldrianblätter

1. Die getrockneten Blätter miteinander mischen und davon 4 Eßlöffel mit 1 l sehr heißem Wasser überbrühen.

2. Etwa 5 Minuten ziehen lassen und abseihen. Warm oder kalt über den Vormittag verteilt trinken.

Am Nachmittag können Sie diesen Tee erneut zubereiten. Dieser Tee kann bis in die Abendstunden getrunken werden, da er durch die Baldrianblätter für einen erholsamen Schlaf sorgt.

FRÜHSTÜCK

Dinkelmüsli

Zubereitungszeit: ca. 10 Min.
ca. 460 kcal

1 Becher Sahnedickmilch (175 g)
2 EL ungeschwefelte Rosinen
40 g gekochte Dinkelkörner vom Vortag
2 TL flüssiger Honig
1 TL Zimtpulver

1. Die Sahnedickmilch cremig rühren. Die Rosinen und den Dinkel darunterrühren.

2. Mit dem Honig süßen und mit dem Zimt bestäuben.

KÜCHENTIP

Statt Sahnedickmilch können Sie auch 75 g saure Sahne und 100 g Naturjoghurt (3,5% Fett) verwenden. Beide Milchprodukte cremig aufschlagen und mit den übrigen Zutaten vermischen.

1. ZWISCHENMAHLZEIT

1 Orange

ca. 80 kcal

WOHLFÜHLTIP

Riechen und genießen Sie das ätherische Öl der Orange. Es vermittelt durch seinen fruchtigen und angenehmen Geruch Wärme und Heiterkeit. Auch wirkt es ein wenig euphorisierend und gibt Lust auf neue Erfahrungen.

MITTAGESSEN

Fruchtiger Hähnchentopf

Zubereitungszeit: ca. 30 Min.
ca. 680 kcal

1 Fenchelknolle (350 g)
2 kleine Orangen
150 g Hähnchenbrustfilet
1 EL kaltgepreßtes Sonnenblumenöl
1 TL Meersalz
1 TL Curry
1 Msp. Cayennepfeffer
1/4 TL gemahlener Kardamom
3 EL süße Sahne

1. Die Fenchelknolle waschen, putzen, halbieren und längs in schmale Streifen schneiden. Das Fenchelgrün sehr fein hacken und beiseite stellen.

2. Die Orangen schälen, in Spalten teilen und würfeln.

3. Das Hähnchenfleisch waschen, trockentupfen und quer zur Faser in schmale Streifen schneiden. Das Öl in einer Pfanne erhitzen und das Fleisch von allen Seiten anbraten.

4. Die Fenchelstreifen hinzufügen und unter gelegentlichem Rühren 10 Minuten dünsten.

6. Mit dem Salz, Curry, Cayennepfeffer und Kardamom würzen. Die Sahne unter das Fenchelgemüse rühren und die Orangenwürfel dazugeben. Alles mit dem Fenchelgrün bestreuen.

Küchentip

Dieses Gericht eignet sich auch zum Mitnehmen, da es kalt ebenso gut schmeckt wie warm. Außerdem läßt es sich leicht wieder erwärmen.

Gesundheitstip

Das Orangen einen hohen Vitamin-C-Gehalt aufweisen, ist allgemein bekannt. Aber wußten Sie auch, daß diese natürliche Frucht Heilkräfte besitzt? Diese stecken in den Faserstoffen der einzelnen Spalten. Angeblich beeinflussen sie sogar den Verlauf von Krebserkrankungen positiv.

Trennkosttip

Frisch geerntete Äpfel mit hoher Fruchtsäure zählen bei der Trennkost zur Eiweißgruppe. Äpfel, die etwas abgelagert und somit schrumpelig geworden sind, haben die Fruchtsäure verloren und zählen nun zur Kohlenhydratgruppe.

2. Zwischenmahlzeit

Buttermilch-Bananen-Teller

Zubereitungszeit: ca. 5 Min.
ca. 250 kcal

150 g Buttermilch
2 TL Ahornsirup
1 reife Banane
1 EL Haferflocken
1 EL gehackte Mandeln

1. Die Buttermilch mit dem Ahornsirup gut verquirlen.

2. Die Banane schälen, mit einer Gabel sehr fein zerdrücken und unter die Buttermilch rühren. Das Ganze in einen Dessertteller geben und mit den Haferflocken und den gehackten Mandeln bestreuen.

Trennkosttip

Statt Buttermilch können Sie auch andere gesäuerte Milchprodukte wie Joghurt, Kefir, Quark oder Dickmilch verwenden. Diese sind zwar eiweißreich, gelten dennoch als neutral. Durch den Säuerungsprozeß – herbeigeführt durch die Milchsäurebakterien – wird die schwer verdauliche Milch verändert. Sie wird flockig und somit leichter verdaulich.

Abendessen

Bunter Kartoffel-Gemüse-Salat

Zubereitungszeit: ca. 40 Min.
ca. 890 kcal

Für den Salat:
200 g kleine, festkochende Kartoffeln
150 g Brokkoli
etwas Meersalz
1 mürber Apfel
1 rote Paprikaschote
1 kleine Avocado

Für die Sauce:
100 g gemischte Kräuter (Sauerampfer, Petersilie, Schnittlauch, Kresse, Kerbel, Borretsch)
50 g saure Sahne
100 g Naturjoghurt
1 TL Kräutersalz

Außerdem:
4 Walnußkerne
1 Petersilienzweig

1. Die Kartoffeln in reichlich Wasser als Pellkartoffeln garen, anschließend abgießen, abkühlen lassen, pellen und in Würfel schneiden.

2. Den Brokkoli putzen, in kleine Röschen zerteilen und waschen. Die Stiele schälen und in kleine Stücke schneiden. Das Brokkoligemüse in wenig leicht gesalzenem Wasser etwa 12 Minuten köcheln, anschließend aus der Brühe nehmen und gut abtropfen lassen.

3. In der Zwischenzeit den Apfel waschen, vierteln, entkernen und das Fruchtfleisch in kleine Würfel schneiden.

4. Die Paprikaschote vierteln, entkernen, waschen und fein würfeln. Die Avocado schälen, halbieren, entkernen und in schmale Spalten schneiden. Alle vorbereiteten Zutaten miteinander mischen.

5. Für die Sauce die Kräuter gut verlesen, waschen, trockenschütteln und grob zerkleinern. Die saure Sahne mit dem Joghurt und 50 ml Brokkoli-Gemüsewasser verrühren und zusammen mit den Kräutern im Mixer pürieren. Die Sauce mit dem Salz abschmecken und über den Kartoffel-Gemüse-Salat geben. Mit den Walnußkernen und der Petersilie garnieren.

Küchentip

Kochen Sie die doppelte Menge Kartoffeln. Verwenden Sie die eine Hälfte für den Kartoffel-Gemüse-Salat, die zweite Hälfte für die Gemüsecremesuppe am nächsten Tag.

Tagesplan

Frühstück
Obstfrühstück
Eiweißmahlzeit

1. Zwischenmahlzeit
Vitalbrot
Kohlenhydratmahlzeit

Mittagessen
Chefsalat mit frischen Sprossen und Eiersauce
Eiweißmahlzeit

2. Zwischenmahlzeit
Knäckebrot mit Quark und Honig
Kohlenhydratmahlzeit

Abendessen
Feine Gemüsecremesuppe mit Pilzen und Majoran
Kohlenhydratmahlzeit

Heute den ganzen Tag

Zitronenmelissentee

6 Eßlöffel Melissenblätter mit 1 l kochendem Wasser übergießen. 10 Minuten ziehen lassen, abseihen und über den Vormittag verteilt trinken. Am Nachmittag den Tee erneut zubereiten.

Gesundheitstip

Die Zitronenmelisse stammt aus Südeuropa und zählt zu den bekanntesten Heil- und Würzkräutern. Das darin enthaltene ätherische Öl wirkt beruhigend auf Magen, Darm und Herz. Die frischen oder getrockneten Blätter ergeben ein schmackhaftes Erfrischungsgetränk, das heiß oder kalt getrunken werden kann.

Frühstück

Obstfrühstück

Zubereitungszeit: ca. 5 Min.

Frisches Obst der Saison in beliebiger Menge (z.B. Ananas, Orangen, Mango, Äpfel, Birnen, Erdbeeren)

Das Obst waschen, putzen, eventuell schälen und nach Belieben in mundgerechte Stücke schneiden.

Trennkosttip

Die obengenannten Obstsorten sollten nicht gleichzeitig mit Bananen gegessen werden.

1. Zwischenmahlzeit

Vitalbrot

Zubereitungszeit: ca. 5 Min.
ca. 170 kcal

1 Scheibe Vollkornbrot
2 TL Butter
etwas Meersalz
4 EL Mungobohnensprossen

1. Das Brot mit der Butter bestreichen und zart salzen.

2. Die Sprossen waschen, gut abtropfen lassen und auf dem Brot verteilen.

Mittagessen

Chefsalat mit frischen Sprossen und Eiersauce

Zubereitungszeit: ca. 25 Min.
ca. 1020 kcal

Für den Salat:
200 g frische Champignons
1 1/2 EL kaltgepreßtes Olivenöl
1/2 kleiner Kopf Römersalat
1/2 kleiner Bund Rucola (Rauke)
2 Tomaten, 1 kleine Zwiebel
1/2 kleine Salatgurke
150 g Mungo- oder Sojabohnensprossen
6 EL TK-Maiskörner

Für die Sauce:
1 EL kaltgepreßtes Olivenöl
1 EL Balsamico-Essig
1 Becher Sahnedickmilch (175 g) oder 75 g saure Sahne mit 100 g Naturjoghurt (3,5% Fett) vermischen
1 hartgekochtes Ei
1 TL Kräutersalz
5 EL frische, gehackte Kräuter (Dill, Basilikum, Petersilie)

Außerdem:
60 g halbfester Schnittkäse (z.B. Gouda, Fol Epi)

1. Die Champignons trocken abreiben, putzen und in Scheiben schneiden. Das Öl in einer Pfanne erhitzen und die Pilze unter gelegentlichem Rühren anbraten.

2. Den Römer- und Rucolasalat putzen, waschen und die Blätter in mundgerechte Stücke zupfen.

3. Die Tomaten waschen, die Stielansätze entfernen und das Fruchtfleisch in kleine Stücke schneiden. Die Zwiebel schälen und fein würfeln.

4. Die Gurke schälen, längs vierteln und in kleine Stücke schneiden.

5. Die Sprossen sorgfältig waschen und gut abtropfen lassen. Die vorbereiteten Salatzutaten in einer Schüssel mischen und die aufgetauten Maiskörner dazugeben.

6. Für die Sauce das Olivenöl, den Balsamico-Essig und die Sahnedickmilch gut verrühren. Das gekochte Ei abpellen, in kleine Stücke hacken und in die Sauce rühren. Mit dem Kräutersalz und den gehackten Kräutern würzen und alles über den Salat gießen.

7. Die gebratenen Champignons darüber verteilen und mit dem in Stücke geschnittenen Käse bestreuen.

Küchentip

Sie können die Keime selber ziehen. Dafür keimfähige Samen gründlich waschen und im speziellen Keimgerät ausbreiten. Wer kein Keimgerät besitzt, kann den gewaschenen Samen auch in eine flache Glasschüssel geben und diese mit einem luftdurchlässigen Tuch gut abdecken. Die Sprossen sollten niemals im Wasser liegen, sondern nur feucht sein. Regelmäßiges Abspülen (3- bis 4mal am Tag) unter fließendem Wasser ist äußerst wichtig, damit sich kein Schimmel bilden kann. Nach etwas 3 bis 4 Tagen können die Keimlinge geerntet werden.

2. ZWISCHENMAHLZEIT

Knäckebrot mit Quark und Honig

Zubereitungszeit: ca. 5 Min.
ca. 180 kcal

2 Scheiben Vollkornknäcke
50 g Quark (20% Fett i. Tr.)
2 TL flüssiger Honig

1. Die Knäckebrote mit dem Quark bestreichen.

2. Anschließend den Honig darauf verteilen.

SCHÖNHEITSTIP

Eine Haut wie Milch und Honig gilt auch heute noch als Schönheitsideal. Und was innerlich wirkt, kann auch dem Äußeren nutzen. Die ideale Maske für eine glatte und rosige Haut ist Quark mit Honig.

Lösen Sie 1 Eßlöffel Honig in 1 Eßlöffel heißem Wasser auf und verrühren Sie den süßen Saft mit 100 g Magerquark. Den abgekühlten Brei reichlich auf Gesicht, Hals und Dekolleté mit einem Spatel auftragen und etwa 20 Minuten einwirken lassen. Anschließend mit dem Spatel den größten Teil entfernen und den Rest mit lauwarmen Wasser abwaschen.

ABENDESSEN

Feine Gemüsecremesuppe mit Pilzen und Majoran

Zubereitungszeit: ca. 30 Min.
ca. 620 kcal

300 g Möhren
1 Stange Lauch
200 g Pellkartoffeln vom Vortag
250 g frische Champignons
1 1/2 EL Butter
1/2 l vegetarische Gemüsebrühe (aus Instantpulver)
1 EL kaltgepreßtes Sonnenblumenöl
1/2 TL Kräutersalz
2 EL Sahne
3 Stengel frischen Majoran
1 EL gehackte Petersilie

1. Die Möhren schälen, abspülen, trocknen und in dünne Scheiben schneiden. Den Lauch putzen, gründlich waschen und in feine Ringe schneiden.

2. Die Kartoffeln vom Vortag abpellen und grob würfeln.

3. Die Pilze trockenreiben, putzen und in dünne Scheiben schneiden.

4. Die Butter in einem Topf erwärmen und die Möhren darin bei milder Hitze anbraten. Den Lauch und die Kartoffelwürfel dazugeben und unter Rühren die Gemüsebrühe hinzugießen. Die Suppe etwa 8 bis 10 Minuten leicht köcheln lassen.

5. In der Zwischenzeit das Öl in einer Pfanne erhitzen. Die Pilze hinzufügen und unter Wenden darin scharf anbraten, bis die ausgetretene Flüssigkeit verdampft ist. Die Pilze mit dem Kräutersalz würzen.

6. Die Suppe mit dem Schneidstab fein pürieren und mit der Sahne verfeinern. Den Majoran waschen, die Blättchen von den Stielen zupfen, fein hacken und zur Suppe geben.

7. Die gebratenen Pilze in die Suppe geben und mit der gehackten Petersilie bestreut servieren.

FITNESSTIP

Blockieren Sie einen Stuhl, indem Sie ihn an eine Wand stellen. Stellen Sie einen Fuß auf die Sitzfläche des Stuhls, das andere Bein weit nach hinten strecken. Beide Fersen haften fest am Boden. Den Oberkörper gerade halten und leicht nach vorne beugen, so daß eine Dehnung in der vorderen Hüftbeugemuskulatur spürbar wird. Die Bauchmuskeln sind angespannt, beide Hände in die Taille gestemmt. 10 Sekunden in dieser Position verharren, dann Beinwechsel. Diese Übung 5mal wiederholen. Danach die Beine locker ausschütteln.

Tagesplan

Frühstück
Schlemmerbrötchen
Kohlenhydratmahlzeit

1. Zwischenmahlzeit
Frisches Obst der Saison
Eiweißmahlzeit

Mittagessen
Salat „Vital"
Eiweißmahlzeit

2. Zwischenmahlzeit
Bananenkefir
Kohlenhydratmahlzeit

Abendessen
Möhren-Pilz-Gratin
Kohlenhydratmahlzeit

Heute den ganzen Tag

Holundertee

Übergießen Sie 2 Teelöffel getrocknete Blätter mit 1/2 l kochendem Wasser und lassen Sie den Tee etwa 10 Minuten ziehen. Danach abseihen und 10 Minuten vor jeder Mahlzeit trinken.

Zusätzlich noch 1 l Mineralwasser über den Tag verteilt trinken.

Gesundheitstip

Die Blätter des Holunderstrauches unterstützen die Nierentätigkeit und wirken wassertreibend.

Frühstück

Schlemmerbrötchen

Zubereitungszeit: ca. 10 Min.
ca. 350 kcal

1 Tomate
1 Vollkornbrötchen
2 EL Doppelrahmfrischkäse
1 großes Salatblatt
4 Scheiben Bündner Fleisch
1 EL Schnittlauchröllchen

1. Die Tomate waschen, den Stielansatz entfernen und das Fruchtfleisch in 1/2 cm dicke Scheiben schneiden.

2. Das Brötchen halbieren und mit dem Frischkäse bestreichen. Auf die Unterseite das gewaschene Salatblatt legen.

3. Darauf 2 bis 3 Tomatenscheiben und das Bündner Fleisch verteilen. Den Schnittlauch darüberstreuen und die Oberseite aufsetzen. Zusammen mit den restlichen Tomatenscheiben servieren.

1. Zwischenmahlzeit

1 Grapefruit oder anderes frisches Obst der Saison

ca. 110 kcal

Küchentip

Zum Mitnehmen verpacken Sie Salat und Sauce getrennt und mischen beides erst kurz vor dem Verzehr.

Mittagessen

Salat „Vital"

Zubereitungszeit: ca. 30 Min.
ca. 460 kcal

Für den Salat:
1/2 kleiner Kopf Eisbergsalat
1/2 Bund Rucolasalat (Rauke)
1 rote Paprikaschote
100 g Kirschtomaten
1 säuerlicher Apfel
2 TL Zitronensaft
1 1/2 EL Zitronensaft
1 TL Kräutersalz
1 EL kaltgepreßtes Sonnenblumenöl
1 TL Frutilose
1 kleines Bund Petersilie

Außerdem:
150 g Hüttenkäse

1. Die Salatblätter putzen, waschen, trockenschleudern und in kleine Stücke schneiden.

2. Die Paprika waschen, putzen, und in dünne Streifen schneiden. Die Tomaten waschen, die Stielansätze entfernen und halbieren.

3. Den Apfel waschen, vierteln, entkernen und in dünne Spalten schneiden. Mit dem Zitronensaft beträufeln. Alle Salatzutaten mischen.

4. Den Zitronensaft mit 100 ml Wasser, Salz, Öl und Frutilose gut verrühren. Die gehackte Petersilie zur Sauce geben, über den Salat gießen und alles gut mischen. dazu den Hüttenkäse essen.

Gesundheitstip

Frisches Obst macht munter und versorgt den Körper mit lebensnotwendigen Vitaminen. Diese unsichtbaren Helfer sind unermüdlich am Werk, die Abwehrkräfte des Körpers zu stärken. Vitamin C ist hierbei besonders stark beteiligt. Ein Vitamin-C-Mangel macht sich durch Müdigkeit und ein erhöhtes Schlafbedürfnis bemerkbar. Gelenk- und Gliederschmerzen können folgen, Wunden heilen schlecht. Auch Zahnfleischbluten oder Blutungen der Schleimhäute weisen auf eine Unterversorgung hin. Vitamin C ist für den Menschen unverzichtbar, da es auch an der Herstellung der Stützsubstanz Kollagen in Haut, Knochen, Knorpel und Zähne beteiligt ist.

Die tägliche Mindestzufuhr sollte bei ca. 75 mg liegen. Menschen, die unter Streß stehen oder rauchen, haben einen höheren Vitamin-C-Bedarf.

Auf der Hitliste der Vitamin-C-Träger stehen Petersilie und schwarze Johannisbeeren.

Vitamin C in mg pro 100 g Frischgewicht	
Petersilie	200 – 300
schwarze Johannisbeeren	200 – 300
Paprika	150 – 200
Kiwi	80 – 100
Kohlsorten	70 – 100
Zitrusfrüchte	40 – 60
Äpfel	10 – 30
Ananas	15 – 25
Feldsalat	10 – 20
Bananen	10 – 20
Möhren	5 – 0

2. ZWISCHENMAHLZEIT

Bananenkefir

Zubereitungszeit: ca. 5 Min.
ca. 270 kcal

1 Banane
2 TL Honig
200 ml Kefir

1. Die Banane schälen und in grobe Stücke schneiden.

2. Dann die Bananenstücke mit dem Honig und dem Kefir im Mixer pürieren.

KÜCHENTIP

Überreife, leicht braune Bananen eignen sich hervorragend zu Bananeneis. Dafür 2 kleine, überreife Bananen abschälen und das Fruchtfleisch über mehrere Stunden tiefgefrieren. Anschließend leicht antauen lassen, in Stücke brechen und zusammen mit 100 g Sahnejoghurt und 2 TL flüssigen Honig pürieren.

FITNESSTIP

Langes Sitzen ermüdet und lähmt die Muskulatur. Diese einfache Übung bringt die Elastizität zurück und den Kreislauf auf Touren: Nehmen Sie einen Schal oder ein Handtuch und halten Sie es links und rechts an zwei Zipfeln fest. Nun steigen Sie vorwärts über das Tuch und wieder zurück. Wiederholen Sie die ganze Übung 10mal.

ABENDESSEN

Möhren-Pilz-Gratin

Zubereitungszeit: ca. 20 Min.
Backzeit: ca. 20 Min.
ca. 1110 kcal

1 Zwiebel
250 g Austernpilze
300 g Möhren
1 1/2 EL Butter
150 g saure Sahne
50 g süße Sahne
2 EL feines Dinkel- oder Weizenvollkornmehl
1 1/2 TL vegetarische Gemüsebrühe (aus Instantpulver)
1/2 TL Kräutersalz
1 Msp. Cayennepfeffer
1/2 TL gerebelter Rosmarin

Außerdem:
60 g Wörishofener Käse (60% Fett i. Tr.) in Scheiben

1. Die Zwiebel schälen und fein würfeln.

2. Die Pilze putzen, kurz waschen und in Streifen schneiden.

3. Die Möhren schälen, waschen, in etwa 4 cm lange Stücke schneiden und der Länge nach achteln.

4. Die Butter in einer Pfanne zerlassen und die Zwiebelwürfel darin glasig dünsten. Die Pilze und Möhren hinzufügen und etwa 10 Minuten mitschmoren lassen. Den Backofen auf 175° C vorheizen.

5. Das Gemüse in eine Auflaufform geben. Die saure Sahne mit der süßen Sahne, 200 ml Wasser und dem Vollkornmehl verrühren. Mit der Gemüsebrühe, Kräutersalz, Cayennepfeffer und Rosmarin würzen.

6. Den Sahneguß über das Gemüse geben und den Käse gleichmäßig darauf verteilen. Das Gratin mit Alufolie abdecken und im Offen etwa 10 Minuten backen. Danach die Folie entfernen und das Gratin weitere 10 Minuten backen, bis sich eine leichte Kruste gebildet hat.

SCHÖNHEITSTIP

Verrühren Sie 2 Eßlöffel süße Sahne mit 1 Teelöffel Kochsalz. Die leicht sandige Masse in die Gesichtshaut einmassieren, kurz einwirken lassen und mit lauwarmen Wasser abspülen.

Das Sahne-Salz-Peeling eignet sich für den gesamten Körper. Dementsprechend muß die Menge erhöht werden. Nach diesem pflegenden Peeling ist die Haut hinterher weicher, kann besser atmen und ist für eine weitere Pflege aufnahmefähiger.

TAGESPLAN

FRÜHSTÜCK
UND 1. ZWISCHENMAHLZEIT
Frischkost mit pikanter Käsecreme
Kohlenhydratmahlzeiten

MITTAGESSEN
Zartes Zucchinigemüse mit Seezunge und Basilikum-Pesto
Eiweißmahlzeit

2. ZWISCHENMAHLZEIT
Toast mit Paprika
Kohlenhydratmahlzeit

ABENDESSEN
Nudeln mit Majoransauce und Paprikagemüse
Kohlenhydratmahlzeit

HEUTE DEN GANZEN TAG

Fencheltee

3 leicht gehäufte Eßlöffel Fenchelsamen mit 3/4 l kochendem Wasser übergießen. Etwa 10 Minuten ziehen lassen, abseihen und über den Tag verteilt trinken.

Zusätzlich noch etwa 5 Gläser Wasser à 200 ml trinken.

GESUNDHEITSTIP

Fencheltee wird nicht nur bei nervöser Unruhe, bei Magen- und Darmleiden eingesetzt, sondern auch als Augen- und Gesichtswasser.

FRÜHSTÜCK
UND 1. ZWISCHENMAHLZEIT

Frischkost mit pikanter Kräutercreme

Über den Vormittag verteilt essen.

Zubereitungszeit: ca. 15 Min.
ca. 310 kcal

1 Becher Sahnedickmilch (175 g)
3 EL frische, gehackte Kräuter (Petersilie, Dill, Schnittlauch)
1 Knoblauchzehe nach Belieben
1/2 TL Kräutersalz
4 Selleriestangen
3 Möhren
1 Scheibe Vollkornknäcke

1. Die Sahnedickmilch glattrühren. Die Kräuter darunterrühren und nach Belieben die Knoblauchzehe dazupressen. Mit dem Kräutersalz mild würzen.

2. Die Selleriestangen putzen, waschen und wenn nötig abfädeln. Sie in etwa 10 cm lange Stücke schneiden und der Länge nach halbieren.

3. Die Möhren putzen, waschen, schälen und der Länge nach vierteln. Die Rohkost in die Kräutercreme dippen und das Knäckebrot dazu essen.

KÜCHENTIP

Statt Sahnedickmilch können Sie auch 100 g Naturjoghurt mit 75 g saurer Sahne mischen.

MITTAGESSEN

Zartes Zucchinigemüse mit Seezunge und Basilikum-Pesto

Zubereitungszeit: ca. 40 Min.
ca. 940 kcal

Für das Pesto:
(Ergibt 2 Portionen)

1 kleines Bund Basilikum
1 Knoblauchzehe
1/2 TL Meersalz
2 TL gehackte Mandeln
2 EL frisch geriebener Parmesan
2 EL kaltgepreßtes Olivenöl

1. Die Basilikumblätter von den Stielen zupfen, waschen, trockenschleudern und grob zerschneiden. Den Knoblauch schälen und grob hacken.

2. Beides zusammen in einen Mörser geben, leicht salzen und alles zu einer sämigen Masse zerstampfen.

3. Die gehackten Mandeln in einer Pfanne ohne Fett hellgelb rösten. Die Mandeln und den Käse zum Basilikum geben und alles so lange im Mörser zerstoßen, bis eine feinkörnige Paste entsteht.

4. Nach und nach das Öl tropfenweise dazugeben und anschließend kühl stellen.

Für das Gemüse:
2 kleine Zucchini à 160 g
1 Zwiebel
3 – 4 Knoblauchzehen
1 EL kaltgepreßtes Olivenöl
$^1/_2$ TL Meersalz

Außerdem:
2 Seezungenfilet (à 100 g)
etwas Meersalz
$1^1/_2$ EL Butter
2 – 3 Zitronenscheiben

1. Die Zucchinischeiben waschen, die Stielansätze entfernen und das Gemüse der Länge nach in dünne Scheiben hobeln.

2. Anschließend die Zwiebel und den Knoblauch schälen und fein würfeln.

3. Das Öl in einer Pfanne erhitzen und zuerst die Knoblauchwürfel kurz anbraten und dann die Zwiebelwürfel hinzufügen und glasig dünsten. Anschließend die Zucchinistreifen dazugeben, leicht salzen und unter gelegentlichem Rühren etwa 8 bis 10 Minuten zugedeckt bei geringer Hitze dünsten.

4. In der Zwischenzeit die Seezungen abspülen, trockentupfen und leicht salzen.

5. Die Butter in einer Pfanne schmelzen lassen und die Fischfilets darin bei mittlerer Hitze von jeder Seite etwa 5 Minuten braten.

6. Den Fisch zusammen mit dem Zucchinigemüse und dem Basilikum-Pesto anrichten und mit den Zitronenscheiben garnieren.

Schönheitstip

Gegen Tränensäcke unter den Augen und geschwollene Augenlider hilft folgende Übung:

Halten Sie Ihren Kopf gerade und schließen Sie langsam die Augen bis auf einen kleinen Spalt.

Legen Sie nun den Ring- und Mittelfinger an das Ende der Augenbrauen und ziehen Sie sanft die Haut nach außen, so daß leichte Schlitzaugen entstehen.

Schließen Sie nun mit der ganzen Kraft der Augenmuskeln die Augen und verharren so etwa 5 Sekunden. Spüren Sie die Anspannung der Augenmuskeln. Nach dem Öffnen spüren Sie dann die Entspannung und den leichten Zug der sich um die Augen gebildet hat.

Diese Übung 4mal wiederholen.

Gesundheitstip

Knoblauch, das uralte Heilmittel, hat bis heute nicht an Wert verloren. Seine Wirkstoffe desinfizieren den gesamten Verdauungstrakt. Die frische Knolle wirkt antibiotisch, da sie reich an Allicin ist. So bietet sie Schutz gegen Infektionskrankheiten aller Art, senkt den Cholesterin- und Blutfettspiegel, hilft gegen Arteriosklerose und ist gut fürs Herz.

Knoblauch enthält zudem die Vitamine A, B_1 und C sowie die Mineralstoffe und Spurenelemente Magnesium, Eisen, Mangan, Kupfer, Zink und Jod.

Inzwischen hat sich dieses Gewürz auch in unserer Küche einen festen Platz erobert. Viele Speisen erhalten erst durch Knoblauch den letzten Pfiff.

Küchentip

Schnittknoblauch oder Bärlauch sieht ähnlich aus wie Schnittlauch, jedoch sind die Stiele nicht röhrenförmig, sondern platt. Dieses hocharomatische Kraut verleiht Salaten, Kartoffeln, Fleisch- oder Fischgerichten ein dezentes Knoblaucharoma. Schnittknoblauch enthält ätherische Öle, die durchblutungs- und verdauungsfördernd wirken. Man kann ihn im Topf oder bundweise kaufen.

2. Zwischenmahlzeit

Toast mit Paprika

Zubereitungszeit: ca. 5 Min.
ca. 230 kcal

1 Scheibe Vollkorntoast mit Butter bestreichen. Dazu eine rote Paprikaschote essen.

Abendessen

Nudeln mit Majoransauce und Paprikagemüse

Zubereitungszeit: ca. 30 Min.
ca. 750 kcal

80 g schmale Vollkornbandnudeln (roh gewogen)
etwas Meersalz

Für das Gemüse:
2 rote Paprikaschoten
2 Knoblauchzehen
1 EL kaltgepreßtes Olivenöl
50 ml vegetarische Gemüsebrühe (aus Instantpulver)
1 TL Paprikapulver, edelsüß
1 TL Oregano
1/2 TL Thymian

Für die Sauce:
70 ml Sahne
130 ml vegetarische Gemüsebrühe (aus Instantpulver)
1 Knoblauchzehe nach Belieben
7–8 Zweige frischen Majoran
etwas Kräutersalz
1 TL Kartoffelstärke

1. Die Nudeln in reichlich leicht gesalzenem Wasser in 10 bis 12 Minuten bißfest garen.

2. In der Zwischenzeit die Paprikaschoten halbieren, putzen, entkernen, waschen und in grobe Würfel schneiden. Den Knoblauch schälen, in dünne Scheiben schneiden und mit Olivenöl goldgelb braten.

3. Die Paprikawürfel hinzufügen und mit der Brühe ablöschen. Mit dem Paprikapulver, Oregano und Thymian pikant würzen. Zugedeckt etwa 8 Minuten bei geringer Hitze köcheln lassen.

4. Für die Sauce die Sahne mit der Gemüsebrühe vermischen. Nach Belieben die Knoblauchzehe mit hineinpressen.

5. Die Majoranblättchen von den gewaschenen Stielen zupfen, in die Sauce geben und kurz aufkochen lassen. Mit etwas Kräutersalz nachwürzen.

6. Die Kartoffelstärke in 50 ml kaltem Wasser auflösen und in die Sauce rühren. Nochmals kurz aufkochen und die Sauce über die Nudeln gießen. Zusammen mit dem Paprikagemüse servieren.

TAGESPLAN

FRÜHSTÜCK
Superknuspermüsli
Kohlenhydratmahlzeit

1. ZWISCHENMAHLZEIT
Rohkost
Neutrale Mahlzeit

MITTAGESSEN
Zitronenhähnchen mit Eisbergsalat
Eiweißmahlzeit

2. ZWISCHENMAHLZEIT
Heidelbeerspeise
Kohlenhydratmahlzeit

ABENDESSEN
Französischer Bohnentopf
Kohlenhydratmahlzeit

HEUTE DEN GANZEN TAG

Brennesseltee

Für den Tee 2 gehäufte Eßlöffel frische oder getrocknete Brennesselblätter in $^1/_2$ l sprudelndem Wasser etwa 5 Minuten kochen. Danach abseihen und warm trinken. Jeweils morgens, mittags und abends einen halben Liter.

GESUNDHEITSTIP

Frische Brennesselblätter werden in den Monaten Juni bis August gesammelt, und vor der Blüte etwa 20 bis 25 cm lang abgeschnitten. Brennesseltee unterstützt die Entwässerung.

FRÜHSTÜCK

Superknuspermüsli

Zubereitungszeit: ca. 30 Min.
Backzeit: ca. 1–1$^1/_2$ Std.
ca. 410 kcal

Für ca. 50 Portionen à 50 g (haltbar)

600 g abgezogene Mandeln
250 g ungeschälte Sesamkörner
500 g kernige Haferflocken
250 g Sonnenblumenkerne
2 EL kaltgepreßtes Sonnenblumenöl
500 g Honig
500 g ungeschwefelte Rosinen

Außerdem:
150 g Kefir
1 Banane

1. Die Mandeln grob hacken. Den Sesam in einer Pfanne ohne Fettzugabe rösten.

2. Beides zusammen mit den Haferflocken und den Sonnenblumenkernen mischen.

3. Das Öl mit 200 ml Wasser und dem Honig mischen, zu den vorbereiteten Zutaten geben und alles zu einer zähen Masse mit einem Spatel verkneten.

4. Den Backofen auf 160 °C vorheizen. Die Müslimischung in einer Fettpfanne oder Auflaufform verteilen. Sie anschließend etwa 1$^1/_2$ Stunden backen und zwischendurch immer wieder umrühren. Sie wird dabei krümelig.

5. Das Müsli abkühlen lassen und zuletzt die Rosinen untermischen. Alles in eine Plätzchendose geben. Sie können das Müsli so einige Wochen aufbewahren.

6. Für das Frühstück 50 g Superknuspermüsli mit dem Kefir mischen und mit einer kleinen Banane anreichern.

1. ZWISCHENMAHLZEIT

250 g Rohkost (z.B. Paprika, Gurke oder Tomaten)

ca. 40 kcal

MITTAGESSEN

Zitronenhähnchen mit Eisbergsalat

Zubereitungszeit: ca. 45 Min.
ca. 1380 kcal

Für die Marinade:
2 EL Zitronensaft
1 EL Schale einer unbehandelten Zitrone
2 EL frisch gehackte Zitronenmelisse
1$^1/_2$ TL Kräutersalz
2 EL kaltgepreßtes Sonnenblumenöl

Für das Fleisch:
2 Hähnchenschenkel
1 EL kaltgepreßtes Sonnenblumenöl
200 g Austernpilze
1 EL vegetarische Gemüsebrühe (aus Instantpulver)

Für den Salat:
1/2 kleiner Kopf Eisbergsalat
1 kleine Zwiebel
3 EL frische Kräuter (Schnittlauch, Zitronenmelisse, Sauerampfer)
1 EL kaltgepreßtes Sonnenblumenöl
1 EL Zitronensaft
1 TL Kräutersalz
1 TL Frutilose

1. Aus Zitronensaft, -schale, -melisse, Kräutersalz und Öl eine Marinade herstellen.

2. Die Hähnchenschenkel waschen, trockentupfen und mit der Marinade gleichmaßig begießen.

3. Das Öl in einer Pfanne erhitzen und die Hähnchenschenkel darin rundherum goldbraun anbraten.

4. Die Pilze putzen, in Streifen schneiden und zum Fleisch geben. Alles bei milder Hitze etwa 20 Minuten schmoren lassen. Mit der Gemüsebrühe nachwürzen.

5. Inzwischen den Eisbergsalat putzen, waschen und trockenschleudern. Ihn in mundgerechte Stücke schneiden.

6. Die Zwiebel schälen, die Kräuter verlesen und beides fein hacken.

7. Das Öl mit dem Zitronensaft, 80 ml Wasser, Salz, Zwiebel und Kräuter vermischen und mit der Frutilose mild abschmecken.

8. Den Salat mit der Sauce gut mischen und zusammen mit dem Zitronenhähnchen servieren.

GESUNDHEITSTIP

Beachten Sie folgende Punkte beim Abnehmen, dann unterstützen Sie Ihren Körper richtig:

1. Trinken Sie regelmäßig täglich etwa $1^1/_2$ bis 2 l Flüssigkeit in Form von Wasser oder Tee. Dies unterstützt den Fettabbau und hilft den Nieren und Darm bei der Ausscheidung. Auch Gemüse, Salat, Rohkost und Obst enthalten viel Wasser. Nicht gerechnet werden sollte: Kaffee, schwarzer Tee, alkoholische Getränke, süße Limonaden, salzige Suppen und Saucen.

2. Regen Sie Ihre innere Verbrennung durch leichte sportliche Übungen an.

3. Nehmen Sie sich Zeit zum Essen. Hastig oder in Eile gegessene Mahlzeiten bringen den gesamten Verdauungsprozeß zum Stocken.

4. Essen Sie so natürlich wie möglich und vermeiden Sie Fertiggerichte und solche Nahrungsmittel, die für lange Zeit künstlich haltbar gemacht werden.

5. Bevorzugen Sie Speisen mit einem hohen Kaliumgehalt wie Gemüse, Salate, Rohkost, Obst, Kartoffeln, Bananen, getrocknete Aprikosen. Kalium ist der Gegenspieler von Natrium und ist fähig, überschüssiges Gewebewasser über die Nieren abzuführen. Natrium hingegen bindet das Wasser im Körper und wirkt gewebeauftreibend. Schränken Sie aus diesem Grund den Verzehr von Wurst, Schinken, Gepökeltes und salzige Käsesorten ein.

2. ZWISCHENMAHLZEIT

Heidelbeerspeise

Zubereitungszeit: ca. 10 Min.
ca. 190 kcal

150 g frische oder TK-Heidelbeeren
150 g Naturjoghurt
2 TL Ahornsirup

1. Die Heidelbeeren mit der Gabel zerdrücken.

2. Mit dem Joghurt mischen und dem Ahornsirup süßen.

ABENDESSEN

Französischer Bohnentopf

Zubereitungszeit: ca. 45 Min.
Quellzeit: ca. 8 Std.
ca. 730 kcal

60 g Naturreis (roh gewogen)
300 g grüne Bohnen
1 Zwiebel
125 g Austernpilze
1 rote Paprikaschote
$1^1/_2$ EL kaltgepreßtes Sonnenblumenöl
150 ml vegetarische Gemüsebrühe (aus Instantpulver)
einige Kräuter der Provence
60 g Wörishofener Käse (60% Fett i. Tr.)

1. Den Reis in einen Topf geben und etwa 8 Stunden über Nacht quellen lassen.

2. Dann den Reis im geschlossenen Topf etwa 25 Minuten bei milder Hitze garen lassen. Anschließend abgießen.

3. In der Zwischenzeit die Bohnen waschen, putzen, wenn nötig abfädeln und in 3 cm große Stücke schneiden. Die Zwiebel schälen und grob hacken. Die Pilze putzen und in Scheiben schneiden. Die Paprikaschote halbieren, entkernen, waschen und in dünne Streifen schneiden.

4. Das Öl in einer Pfanne erhitzen und die Zwiebelwürfel, Pilze und Paprikastreifen darin anbraten.

5. Die Bohnen hinzufügen, die Brühe angießen und alles etwa 10 Minuten zugedeckt dünsten. Mit den Kräutern der Provence würzen. Dann den Backofen auf 160° C vorheizen.

6. Den gegarten Reis unter das Gemüse mischen und in eine Auflaufform füllen. Den Käse in kleine Würfel schneiden und gleichmäßig darauf verteilen. Den Bohnentopf im Ofen etwa 12 bis 15 Minuten überbacken.

Trennungsplan

Innerhalb einer Mahlzeit dürfen zur Eiweiß- und zur Kohlenhydratgruppe gehörende Lebensmittel nicht gemischt werden. Folgende Kombinationen sind aber möglich:

- Lebensmittel aus der Eiweiß- und der neutralen Gruppe
- Lebensmittel aus der Kohlenhydrat- und der neutralen Gruppe

Eiweißgruppe

Alle Fleischsorten im gegarten Zustand:
Rind: z.B. Braten, Rouladen, Gulasch, Steaks, Hackfleischgerichte, Sauerbraten;
Kalb: z.B. Schnitzel, Braten;
Lamm und Hammel: z.B. Kotelett, Rücken, Keule;
Schweinefleisch: nicht empfehlenswert;
Geflügel: Putenrollbraten, -schnitzel und -brust sowie -geschnetzeltes, Gans, Ente, Grillhähnchen, Poulardenbrust;
gegarte Wurstsorten: z.B. gebratene Bratwurst, Fleischwurst, Leberkäse, Rindswurst, Knacker, Corned beef, gekochter Schinken, Geflügelwurst. (Wurstwaren aus Schweinefleisch sind nicht empfehlenswert);
Fisch: alle ungeräucherten, gegarten Fischsorten sowie Schalen- und Krustentiere im gegarten Zustand, z.B. Scholle, Kabeljau, Red Snapper, Seelachs, Lachs, Thunfisch, Makrele, Heilbutt, Hering, Hecht, Forelle, Muscheln, Garnelen, Hummer, Krebse;
Sojaprodukte: z.B. Tofu, Sojasauce sowie mit Soja hergestellte Brotaufstriche;
Eier;
Milch aller Fettstufen;
alle Käsesorten bis 60% Fett i.Tr.: z.B. Harzer, Parmesan, Emmertaler, Edamer, Gouda, Tilsiter;
gekochte Tomaten;
Getränke: z.B. Früchtetee, Apfelwein, herber Weiß- und Rotwein sowie Sekt;
alle Beerenfrüchte (mit Ausnahme von Heidelbeeren, sie sind neutral);
alle Kern- und Steinobstsorten (außer mürben, süßen Äpfeln) sowie alle Zitrusfrüchte;
alle exotischen Obstsorten (außer Bananen): z.B: Mangos, Papayas, Kiwis, Melonen, Kumquats, Guaven, Karambole.

Neutrale Gruppe

Die neutralen Lebensmittel dürfen innerhalb einer Mahlzeit sowohl mit Lebensmitteln aus der Eiweiß- als auch aus der Kohlenhydratgruppe gemischt werden.
Fette und Öle: alle ungehärteten und unraffinierten Sorten, z.B. kaltgepreßte Öle, Margarine (aus dem Reformhaus) und Butter, aber auch schmalzähnlicher, pflanzlicher Brotaufstrich (im Reformhaus z.B. unter der Markenbezeichnung „Holsteiner Liesl" zu finden);
gesäuerte Milchprodukte: z.B. Quark, Joghurt, Kefir, Sahnedickmilch, saure Sahne und Buttermilch, vergorenes Molkekonzentrat (Molkosan);
süße Sahne und Kaffesahne;
Käsesorten mit mindestens 60% Fett i.Tr.: z.B. Doppelrahmfrischkäse, Rahmgouda, Butterkäse;
alle Weißkäsesorten, z.B. Schafs- und Ziegenkäse, Mozzarella, körniger Frischkäse;
rohe geräucherte Wurstwaren, z.B. Bündner Fleisch, roher Schinken, Salami, Debrecziner (alle oben genannten Sorten sind auch ohne Zusatz von Schweinefleisch erhältlich);
rohes Fleisch, z.B. Tatar (sollte aber möglichst gemieden werden);
rohe marinierte oder geräucherte Fischsorten: z.B. Schillerlocke, Bückling, Aal, Makrele, Forelle, Räucherlachs, Bismarckhering;
folgende Gemüse- und Salatsorten sowie Pilze: Auberginen, Artischocken, Brokkoli,

Blumenkohl, grüne Bohnen, grüne Erbsen, Fenchel, Gurken, Knoblauch, Kohlrabi, Lauch, Mais, Möhren, Paprika, Peperoni, Radieschen, Rettich, rote Beten, Rosenkohl, Rotkohl, Sauerkraut, Sellerie, Spargel, Spinat, rohe Tomaten, Weißkohl, Wirsing, Zwiebeln, Zucchini, alle Blattsalate (z.B. Eisberg-, Endivien- und Feldsalat), Chicorée und Chinakohl sowie Austernpilze, Champignons, Pfifferlinge, Steinpilze und andere Pilzsorten;

alle Sprossen und Keimlinge;

alle Kräuter sowie alle Gewürze;

alle Nüsse und Samen (außer Erdnüsse): z.B. Haselnüsse, Kokosraspel, Mandeln;

Heidelbeeren;

ungeschwefelte **Rosinen**;

Oliven;

Eigelb;

Hefe;

klare, hochprozentige Spirituosen; z.B. Korn und Wacholderbrand;

Kräutertees;

Geliermittel: z.B. Gelatine (tierisches Produkt), Agar-Agar (eine pulverisierte Meeresalge – das Pulver wird in kalter Flüssigkeit aufgelöst, man erhitzt das Ganze auf 60 bis 80 °C und läßt es erkalten), pflanzliche Bindemittel aus Johannisbrotkernmehl (Reformhaus).

Kohlenhydratgruppe

Alle Getreidesorten: z.B. Dinkel, Weizen, Roggen, Gerste, Hafer, Grünkern, Hirse, Naturreis;

Buchweizen;

Vollkorngetreideerzeugnisse: z.B. Vollkornbrot und -brötchen, Kuchen aus Vollkornmehl, Vollkornnudeln ohne Ei, Vollkorngrieß;

folgende Gemüse- und Obstsorten: Kartoffeln, Topinambur, Grünkohl, Schwarzwurzeln, Bananen, ungeschwefeltes Trockenobst (außer Rosinen – sie sind neutral; Korinthen hingegen zählen zu den Kohlenhydraten), frische Datteln und Feigen sowie mürbe, süße Äpfel;

folgende Süßungsmittel: Frutilose, Honig, Ahornsirup, Birnen- und Apfeldicksaft;

Verschiedenes: z.B. Kartoffelstärke, Weinsteinbackpulver, Puddingpulver, Carobpulver (gemahlene Frucht des Johannisbrotbaumes; wird wie Kakao verwendet und ist im Naturkostladen erhältlich);

Bier.

Diese Nahrungsmittel sollten Sie meiden

- Weißes Mehl und daraus hergestellte Produkte, z.B. süße und pikante Backwaren sowie Nudeln; polierten Reis;
- Zucker, Süßstoffe und damit hergestellte Produkte, z.B. Süßigkeiten; Fertiggerichte und Konserven; getrocknete Hülsenfrüchte;
- Erdnüsse;
- Preiselbeeren;
- Schweinefleisch sowie alle daraus hergestellten Produkte; rohes Fleisch;
- rohes Eiweiß von Eiern;
- fertige Mayonnaise;
- Essig;
- gehärtete Fette, z.B. normale Margarinesorten und feste, weiße Fritier- und Bratfette (Plattenfette);
- schwarzer Tee, Kaffee, Kakao und hochprozentige Spirituosen.